経営組織論
シリーズ **2**

Management Organization

高橋正泰 ● 監修
竹内倫和・福原康司 ● 編

ミクロ組織論

学文社

執 筆 者

**髙橋　正泰	明治大学経営学部教授（序章，第1章）
鄭　有希	学習院大学国際社会科学部教授（第2章）
*竹内　倫和	学習院大学経済学部教授（第3章）
谷川　智彦	立命館大学経営学部准教授（第4章Ⅲ，第8章）
中村　暁子	東日本国際大学経済経営学部特任講師（第4章Ⅰ・Ⅱ）
伊藤　真一	豊橋創造大学経営学部専任講師（第5章，第6章）
清宮　徹	西南学院大学文学部教授（第7章）
増田　靖	光産業創成大学院大学光産業創成研究科教授（第9章）
*福原　康司	専修大学経営学部准教授（第10章）
小林　満男	新潟国際情報大学経営情報学部教授（第11章）

（執筆順，** は監修者，* は編者）

読者へのメッセージ

　21世紀に入りすでに18年が過ぎ，インターネットが社会インフラとしてますます重要度を増すとともに知識創造や組織の問題が重要となっている。企業は多国籍化とネットワーク化という問題に直面し，新たな組織のあり方やそのマネジメントの模索を始めている。組織研究もその例外ではなく，新たな理論や研究の方法論（メソドロジー）が展開している。これまで，組織に関する研究書やテキストは多く出版されているが，メソドロジーを含んで解説しているテキストはそれほど多くはないようである。

　そこで，これまでの組織および組織行動についての研究をまとめ，メソドロジーを含んだ組織に関する最新の研究を含めたテキストを企画したものが本書である。この組織論シリーズは，『マクロ組織論』『ミクロ組織論』および『組織のメソドロジー』の3部から構成されている。組織に関するテキストは，『マクロ組織論』は『経営組織論』，『ミクロ組織論』は『組織行動論』として出版される場合が通常であるが，あえて組織をマクロ次元とミクロ次元に分けて説明することにして，その組織分析については科学哲学からのメソドロジーを加えて網羅的に組織研究をまとめるように試みている。

　本書の『ミクロ組織論』の構成は序章でも述べているが，以下のようである。

　序章は，ミクロ組織論を理解するうえで重要となる組織において人がどのような存在としてみなされてきたかという「人間観」の変遷，及び人間行動の基本的考え方について説明しており，本書の全体像を示すものである。

　第1章では，個人及び組織の意思決定がどのように行われているのかについて，主として制約された合理性を前提とした満足化意思決定の考え方にもとづいて説明をしている。

　第2章は，組織を構成する個人はさまざまな個性や背景をもっているが，そのような個人差を示す代表的な概念であるパーソナリティについて，概念的特

徴や職業適性との関係について論じている。

　第3章では，多くの個人が組織で仕事を行うことになる中，企業に入社した新規参入者がどのように組織の規範や価値観を受容し，適応していくのかについて，組織社会化のこれまでの考え方を整理しながら，検討を行っている。

　第4章は，個人のモチベーションに関する理論についての紹介である。とりわけ，人はどのような欲求によって動機づけられているかを探る内容理論と，動機づけが行動といかにして結びついているかを明らかにしようとした過程理論の中で代表的な理論を説明している。

　第5章では，集団行動と集団のダイナミクスについて，集団規範や同調（圧力），集団凝集性，集団間対立といった集団を考えるうえで重要となる概念について検討及び説明をしている。

　第6章は，リーダーシップ理論についての説明である。古典的な特性，行動，コンティンジェンシーアプローチの代表的なリーダーシップ理論に加えて，フォロワーの視点に立脚したリーダーシップ理論やフォロワーシップの考え方についても触れている。

　第7章は，組織内のメンバー間で日々取られているコミュニケーションに焦点を当てている。とりわけ，組織コミュニケーションをメンバーが発する言葉のもつ影響力に着目するディスコース（言説）の観点から検討しているところに特徴がある。

　第8章は，組織マネジメントにおいて不可避の要素である対立や葛藤を示すコンフリクトと権力を示すパワーについて議論している。コンフリクトについては対立や葛藤を効果的に解決するためのコンフリクト・マネジメント，パワーについてはその源泉についての検討を行っている。

　第9章の「組織と職務のデザイン」では，職務設計の概念と理論について概観した上で，具体的施策としての職務拡大・充実，自律的作業集団の内容について説明している。さらに，近年注目を集めている個人による自律的な職務再設計概念であるジョブ・クラフティングについても検討を行っている。

　第10章では，組織はそれぞれ異なる風土をもっているが，組織文化との対

比の中で組織風土とはどのような概念なのかについて検討するとともに，組織風土の変革を意図した組織開発のあり方について，古典的組織開発と新しい組織開発の2側面から説明を試みている。

第11章は，企業内の重要な経営資源のひとつであるヒトのマネジメントについて検討している。具体的には，人事労務管理から人的資源管理への変遷の背景と本質的意味，キャリア開発や雇用管理，人事評価制度といった主たる人的資源管理の制度について説明している。

なお，第4章「モチベーション」と第6章「リーダーシップ」は，ミクロ組織論の中でも特に重要なテーマなので，他の章よりも少し多く紙幅を割いて解説してある。

本書の執筆者はいずれもその分野の研究者であり，担当章の諸理論をわかりやすくまとめて解説している。読者には本書の『ミクロ組織論』だけでなく，『マクロ組織論』および『組織のメソドロジー』を読んでいただき，組織研究に興味をもってもらうとともに組織についての知識を深めてもらうことを期待している。

最後に，企画から2年の期間を辛抱強く見守っていただき，ようやく本書の刊行にこぎ着けたのは，執筆者はもちろんのこと学文社の編集部，とりわけ田中千津子社長のご配慮によるものである。関係者の皆様に心より感謝致します。

監修者　高橋正泰
編著者　竹内倫和
　　　　福原康司

目 次

　　読者へのメッセージ　iii

序　章　組織のミクロレベルへの第一歩 …………………………………… 1
　　Ⅰ．組織の人間行動を理解するために　1
　　Ⅱ．組織の人間観の変遷　1
　　Ⅲ．人間行動の理解　3
　　Ⅳ．本書の構成　5

第1章　個人と組織の意思決定 …………………………………………… 9
　　Ⅰ．意思決定の意味　9
　　Ⅱ．制約された合理性とは何か　11
　　Ⅲ．意思決定のプロセスと意思決定のレベル　12
　　　1. 意思決定のプロセス　12／2. 意思決定のレベルとパターン　13
　　Ⅳ．事前合理性と事後合理性　16

第2章　パーソナリティ ………………………………………………… 21
　　Ⅰ．パーソナリティとは　21
　　　1. 定　義　21／2. 決定要因（遺伝と環境）　21
　　Ⅱ．主要パーソナリティのフレームワーク　23
　　　1. Myers・Briggs の性格タイプ・インデックス　23／2. 5因子モデル　24／
　　　3. 中核的自己評価　26／4. ダークトライアド　27
　　Ⅲ．パーソナリティと職業適性　29
　　　1. Holland の六角形モデル　29／2. 日本企業における職業適性検査　30

第3章　組織社会化 ………………………………………………………… 37
　　Ⅰ．組織社会化とは　37
　　　1. 組織社会化の定義と重要性　37／2. 組織社会化の困難性　38／3. 組織社会化研究の視点　40
　　Ⅱ．内容的アプローチの研究　41
　　　1. 6次元モデル　41／2. 3次元モデル　42

Ⅲ．過程的アプローチ　43
　　1. 過程的アプローチの分類　43／2. 予期的社会化段階における組織社会化の促進要因　44／3. 組織内社会化段階における組織社会化の促進要因　47

第4章　モチベーション　55
　Ⅰ．モチベーションとは　55
　Ⅱ．モチベーションの内容理論　56
　　1. Murrayの欲求のリスト　57／2. Maslowの欲求階層説　58／3. AlderfarのERG理論　61／4. McGregorのX理論・Y理論　62／5. Herzbergの二要因理論　64
　Ⅲ．モチベーションの過程理論　66
　　1. Adamsの衡平理論　67／2. 期待理論　68／3. Locke & Lathamの目標設定理論　72

第5章　集団行動とダイナミクス　79
　Ⅰ．集団とは　79
　　1. 集団の定義　79／2. 集団の種類　80／3. 社会的促進と社会的手抜き　81
　Ⅱ．集団の基本的特性　82
　　1. 役　割　82／2. 集団規範　84／3. 同調と同調圧力　84／4. 集団凝集性　86／5. 集団間対立　86
　Ⅲ．集団の意思決定を歪める要因　88
　　1. グループシンク（集団浅慮）　88／2. グループシフト（集団極化）　89／3. グループシンクの解消方法　89
　Ⅳ．集団のコミュニケーションとマネジメント　91
　　1. コミュニケーションの類型　91／2. 阻害要因と改善方法　92

第6章　リーダーシップ　97
　Ⅰ．リーダーシップとは　97
　Ⅱ．特性アプローチ　98
　　1. 1940年代以前の特性アプローチ　98／2. 1940年代以降の特性アプローチ　99
　Ⅲ．行動アプローチ　100
　　1. アイオワ研究　101／2. ミシガン研究　102／3. オハイオ研究　102／4. マネジリアルグリッド　103／5. Bales & Slaterの研究　104／6. 行動アプローチの貢献と限界　104

Ⅳ．コンティンジェンシーアプローチ　105
　　1．状況好意性理論　105／2．SL 理論　107／3．パスゴール理論　108／4．コンティンジェンシー理論の貢献と限界　110
　Ⅴ．カリスマ・変革型リーダーシップ　111
　　1．カリスマ　112／2．カリスマ的リーダーシップ　112／3．変革型リーダーシップ　114／4．変革型リーダーシップとストーリーテリング　1145
　Ⅵ．リーダーシップと社会的構成主義　116
　　1．リーダーシップの社会的構成　116／2．構成主義によるカリスマのとらえ方　118
　Ⅶ．リーダー・メンバー交換理論（Leader-Member Exchange：LMX）　119
　Ⅷ．フォロワーシップ　120

第7章　組織コミュニケーション 129
　Ⅰ．組織における日常性とコミュニケーション　129
　　1．定義とスコープ　129／2．コミュニケーション的視座　131
　Ⅱ．組織とディスコース　132
　　1．組織コミュニケーション　132／2．組織ディスコース　133／3．コーポレート・コミュニケーションと組織レトリック　135
　Ⅲ．組織のコミュニケーション問題　136
　　1．コミュニケーション問題の3つの側面　137／2．フーコー的批判と組織のパワー　140／3．組織論の批判的視座　141／4．「見える化」から「問題化」へ　144

第8章　コンフリクトとパワー 149
　Ⅰ．コンフリクト　149
　　1．コンフリクトとは　149／2．個人間のコンフリクト　151／3．コンフリクト・マネジメント　153
　Ⅱ．パワー　155
　　1．パワーの定義　155／2．個人のパワーの源泉　156／3．パワーをもつ人物の特徴　157

第9章　組織と職務のデザイン 163
　Ⅰ．科学的管理と職務設計　163
　　1．科学的管理法と職務・課業の細分化　163／2．職務設計と人間的要件　165／3．社会—技術システム論　167

目　次　ix

Ⅱ．職務特性モデルと職務拡充　169
　　1. 職務特性モデル　169／2. 職務拡大と職務充実　171
　Ⅲ．ジョブ・クラフティング　174

第 10 章　組織の風土と開発 ･･･ 181
　Ⅰ．組織の風土　181
　　1. 組織風土と組織文化　181／2. 組織風土と動機づけおよび業績　183／3. 組織風土と報酬の評価　184
　Ⅱ．組織の開発　185
　　1. 組織開発論の成長・発展の軌跡　186／2. チェンジ・エージェントとフィードバック　188／3. ダイアローグ（対話）とホールシステムズ・アプローチ　189

第 11 章　人的資源管理 ･･ 195
　Ⅰ．人的資源管理の概念　195
　　1. 人事労務管理から人的資源管理へ　195／2. 企業経営における人的資源管理の役割　196／3. 日本企業における人的資源管理の特徴　197
　Ⅱ．キャリア開発　198
　　1. キャリア開発とは　198／2. 組織と個人からみたキャリア開発　199／3. 能力開発をめぐる動き　202
　Ⅲ．雇用管理　202
　　1. 採用，配置・異動，退職までの全体フロー　202／2. 採用管理　204
　　3. 配置・異動の管理　205／4. 退職管理　206
　Ⅳ．人事考課制度　207
　　1. 人事評価とは　207／2. 人事考課制度の目的と仕組み　207／3. 昇進と昇格　209／4. 人事考課制度の運用　209
　Ⅴ．人的資源管理の多様化　210

　人名索引 ･･ 214
　事項索引 ･･ 216

序　章　組織のミクロレベルへの第一歩

Ⅰ．組織の人間行動を理解するために

　現代社会において，人間の行動を組織と切り離して語ることはできない。それは現代社会が高度に組織化された社会であり，組織に関わりなく生活することは不可能であるからである。人間はいかにして行動するのか，その行動をどうして選択するのであろうか，は組織行動論の主要な研究テーマである。本書のタイトルであるミクロ組織論は，一般的には組織行動論ともいわれる学問分野であり，ビジネススクールでは必ず開講している科目となっている。
　そもそも人間はいかにして行動するのか，そのきっかけは何か，また何によって影響されるのかは，組織行動の本質的な問題である。このような課題に挑戦している理論がミクロ組織論もしくは組織行動論である。

Ⅱ．組織の人間観の変遷

　ミクロ組織論の研究対象は主に組織の中の個人，集団であるが，第一にこれまで組織メンバー，すなわち組織を構成する人間がどのようにとらえられてきたかをみていくことにする。組織の理論が確立されさまざまな理論が展開されてきたが，何といっても科学的管理法で対象とされた人間モデルである「経済人モデル」が組織の理論では最初の人間観である。経済人モデルは古典的もしくは伝統的アプローチとして認知されてきた人間観であり，完全合理性のもとにある人間は経済的誘因によって行動するとされた。
　次に登場する人間モデルは，後に行動科学 (Behavioral Science) のもととなる人間関係論で示された「社会人モデル」である。この人間観によると，職場では「人は経済的欲求ではなく，社会的欲求をもっており，その欲求を満たすことが必要である」とされる。ここで指摘された重要な論点は，人間は欲求をも

ち，その欲求を満たそうと行動すると仮定されたことである。この仮定は，動機づけ理論の基本的命題である。これ以降，組織行動に関する研究は動機づけ理論として展開し，欲求充足人モデルとしての組織の人間行動が前提となり研究されることになった。欲求充足人を前提とした動機づけ理論で有名なものがMaslow（Maslow, A. H.）の欲求階層説であり，Herzberg（Herzberg, F.）の要因理論，そしてMcGregor（McGregor, D.）のX理論Y理論である。その後，この欲求充足人モデルはSchein（Schein, E. H.）により「複雑人モデル（Complex Man）」へと展開することになる。

他方，組織行動についてはSimon（Simon, H.）の意思決定による人間モデルが展開する。Simonは「人間行動は意思決定の結果である」として，人間行動に先立つ意思決定に注目した人間モデルを提唱した。この人間モデルは「経営人モデル（Administrative Man）」として知られている。この人間モデルの前提は「人間は制約された合理性下にある意思決定者である」ことである。人間はある行動をしようとする時，その行動や目的に関するすべての情報を手に入れることは不可能であり，もし入手できたとしてもそのすべての情報を完全に処理する能力はもっていないということから「制約された合理性（bounded rationality）」の概念を人間行動の前提とした。このような考え方は，認知科学

図表序-1　人間モデルの変遷

古典的アプローチ………… 合理的／経済志向的人間モデル
行動科学的アプローチ…… 欲求充足人モデル（社会的／自己実現モデル）
近代的アプローチ………… 複雑人モデル（Complex Man Model）
① さまざまな欲求をもつ
② それらは時間とともに変化する
③ 環境に応じて変化する
経営人モデル（Administrative Man Model）
① 制約された合理性
② 意思決定者

出所）筆者作成

の発展とともに，組織の情報処理パラダイムとして重要なパースペクティブを提供している。

現在では，これら欲求充足人モデルと経営人モデルは組織行動論における基本的な人間モデルとして扱われている。

Ⅲ．人間行動の理解

前節の人間観で説明したように，ミクロ組織論で前提とする人間モデルは欲求充足人と経営人モデルである。しかし，組織行動における初期の人間行動の基本的な考え方には，S（Stimulus：刺激）→ R（Response：反応）理論にみられる行動主義の影響を忘れてはならない。しかしながら，このような行動図式はあまりにも単純であり，人間の行動を説明するには不十分であることから主体を組み込んだ新行動主義といわれる考え方が登場する。この新行動主義では，人間の行動を S（Stimulus：刺激）→ O（Organism：有機体）→ R（Response：反応）理論として定式化することにより，主体性による行動の差異や同一刺激に対する反応の個人差が説明できる動機づけモデルを提起することとなった。

しかしながら，この行動主義の考え方で人間行動を十分に説明することはできない。人間行動で重要な理論的枠組みを提供した理論が認知科学にもとづく期待理論であり，動機づけ理論では過程（プロセス）理論として人間行動を説明することになる。人間の行動を誘発する動機づけは，基本的に図表序-2のように示すことができる。動機づけ理論では，人間は欲求をもち，それが動機となり目標を達成するという欲求充足行動を行うとされる。この意味から，動機づけの理論は，リーダーシップ論とともにミクロ組織論の中心的理論となっている。

図表序-2　人間の動機づけプロセス

欲　求　→　　動因・動機　→　　欲求充足行動

他方，ミクロ組織論の重要な理論としてはリーダーシップ論がある。動機づけ理論は個人としての人間がいかに行動するかを説明しようとした研究であるのに対して，リーダーシップ論はパワー理論を前提としながらも他人への影響力として理解されている。

　Lewin (Lewin, K.) は，「場の理論」において人間の行動 (B) を B = f (P, E) とし (P=Person, E=Environment)，さらに B = f (S) として (S=Situation)，人間と環境との関数として人間行動をとらえた。これをリーダーシップに置き換えると図表序-3のようなリーダーシップの理論的定式を考えることができる。Lをリーダーシップ，lをリーダー，fを部下，sを状況として表すと，初期の研究であるリーダーの特性研究はL = f (l) で表すことができる。同様にスタイル研究はL = f (l, f) で表され，状況理論はL = f (l, f, s) として示すことができる。これをみれば，リーダーシップ論がどのように発展してきたかが一目瞭然である。最初のリーダーシップ研究は，Lであるリーダー自身の資質や能力に焦点が当てられ，次にリーダーとそのリーダーシップを発揮する対象であるfのフォロワー（部下）との関係の中で有効なリーダーシップのスタイルが研究された。さらに，このスタイル研究では十分に説明できないリーダーシップの有効性をさらにsである環境との適合関係でとらえる，いわゆるコンティンジェンシーアプローチが展開した。

　組織の中の人間行動を考える際に忘れてはならない研究領域が集団である。組織の中の集団の重要性については人間関係論で論証されたことであるが，人

図表序-3　リーダーシップの理論定式

```
リーダーシップの定式
  1. L = f ( l ) ……………………………… 特性研究
  2. L = f ( l, f ) …………………………… スタイル研究
  3. L = f ( l, f, s ) ………………………… 状況理論
 * L = リーダーシップ，l = リーダー，f = 部下，s = 状況
```

出所）Hersey & Blanchard (1977) をもとに筆者作成

間に影響を与えるということで集団力学 (Group Dynamics) は大きな貢献を果たしている。詳しい説明は第5章の「集団行動とダイナミクス」に譲ることとして，ここでは簡単に集団の影響力について触れることにしたい。日本でも古くは「村八分」といわれるもので，現在の学校や職場での「いじめ」などの問題は集団力学の典型的な研究対象である。要点は集団というひとつのパワーグループにおける規範や行動準則，異質性の排除などが集団行動としてみられ，個人ひいては組織行動に影響を及ぼしているということはミクロの組織研究レベルでは，必須の研究領域を形成しているといえる。

Ⅳ．本書の構成

　組織行動については多くのテキストや論文が刊行されているが，本書は図表序-4に示したように組織行動に関して個人レベル，集団レベル，そして組織レベルとしてそれぞれの研究分野ならびに研究をまとめている。

　以上の組織行動の基本的構成デザインにもとづいて章立ては以下のようになっている。

　序章では，組織の中の人間行動として「人間モデルの変遷」「組織の中の人間行動の理解」として，ここでのミクロ組織論が扱う理論分野について概説している。また，第1章では，組織の中の人間が「何によって，いかに行動するか」を意思決定の視点から概説している。

　第2章，第3章，第4章は，個人レベルから組織行動について概説している。第2章は人間のパーソナリティに関する記述である。人間行動は個人が有するパーソナリティに依存すると理解され，人はいかにパーソナリティを身につけるか，そしてそのパーソナリティがいかに人間行動や職業適性に影響するかを考察している。第3章は組織社会化の問題を扱っている。個人が組織に参加し，組織メンバーとなるためには必然的に社会化のプロセスを経ることになる。この組織社会化をうまく果たせなければ仕事に不満をもったり，離職したりするなどの行動が誘発されることになり，このメカニズムを解明している。さらに

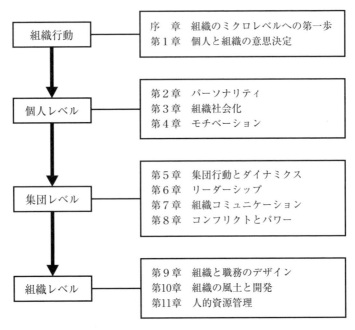

図表序-4　ミクロ組織論の構成

　第4章では組織行動でも重要な理論的貢献を果たしている動機づけについて概説している。動機づけは，個人の行動を誘発するプロセスや何によって人間は行動を起こすかといった人間行動の最も基本的内容を扱っている。

　第5章，第6章，第7章，第8章は集団レベルとして，集団行動，コミュニケーション，コンフリクトとパワーといった内容を扱っている。第5章は，集団行動と集団のダイナミクスについて扱っており，集団のダイナミクスや集団の凝集性，集団レベルのアイデンティティ，そして職場集団からの圧力について概説している。第6章は，組織の人間をどう動かすかという個人行動への影響力についてリーダーシップとして概説している。もちろんリーダーシップはその定義からすると企業の上司が部下へ命令することと通常は理解されるが，本質的には対人関係の問題であり，人間関係論で論証されたインフォーマルな

リーダーによるリーダーシップも含まれている。基本的にリーダーシップは人にしてほしいことをなさしめるパワーとして理解されるべきであるが,独立変数としての組織から影響を受ける従属変数の人間行動という図式からみれば,組織の上下関係として通常は記述されている。第7章は,組織コミュニケーションを扱っている。組織コミュニケーションは,近年注目されている研究領域であり,これまでの情報システムにみられるような「早く,正確に伝える」という情報の伝達より,むしろ言語の持つ本質やそのコミュニケーションに果たす重要性から,コミュケーションにおける意味の伝達や価値の創造という面から研究されている。第8章のコンフリクトとパワーでは,個人内,個人間のコンフリクトのみならず集団内および間のコンフリクト,組織コンフリクトとその解決とパワーの関係を含め交渉の問題をコンフリクト・マネジメントとして概説し,コンフリクトとパワーの関係,および組織内のパワー・ポリティックスを説明している。

第9章から第11章は組織レベルの問題を扱っている。第9章は,組織構造など全体のデザインだけではなく実際に個人が組織内で行う職務のデザインについて説明している。第10章は,集団や組織変容を仮題としながら集団・組織に潜む病巣(問題・課題)を診断(分析)するというよりも,潜在的で中核的な能力を発掘し育成するという組織開発について述べている。また,組織で培われ,組織内で形成される風土の問題についても述べている。第11章は,組織メンバーを資源としてみなし,組織での人的資源を如何に扱うか,そして如何に活用するかを包括的にマネジメントの観点から概説するとともに組織行動についての課題についてもふれている。

本書ではこれまでテキストで扱われてきている内容に加え,できるだけ最新の理論を紹介することにより組織行動についてより深い理解ができるように構成されている。

引用・参考文献

Burrell, G., & Morgan, G. (1979) *Sociological Paradigms and Organizational Analysis : Elements of the Sociology of Corporate Life*. London : Heinemann. (鎌

田伸一・金井一頼・野中郁次郎訳『組織理論のパラダイム―機能主義の分析枠組―』千倉書房，1986年）

Hersey, P., & Blanchard, K.H.（1977）*Management of Organizational Behavior*. Englewood, NJ: Prentice-Hall.（山本成二・水野基・成田政訳『入門から応用へ 行動科学の展開―人間資源活用―』日本生産性本部，1978年）

大月博司・高橋正泰・山口善昭（2008）『経営学―理論と体系（第3版）―』同文舘

Simon, H.A.（1957）*Administrative Behavior*.（2nd. ed.）. New York : Macmillan.（松田武彦・高柳暁・二村敏子訳『経営行動』ダイヤモンド社，1965年）

第1章　個人と組織の意思決定

> 本章は，個人と組織における行動を，それに先立つ意思決定から説明している。「人間の行動は意思決定の結果である」という考え方は，組織行動論においても一般的に受け入れられている。意思決定論は Simon (Simon, H. A.) によって理論的に確立されたもので，特に「制約された合理性 (bounded rationality)」下における満足化意思決定が人間行動の前提として組織関係の理論では扱われている。

キーワード：最適化意思決定,満足化意思決定,完全合理性,制約された合理性,認知

Ⅰ．意思決定の意味

　Simon (Simon, H. A.) は意思決定の過程を管理の中心的概念として，また人間行動は意思決定の結果であるとして人間の行動を理解する概念として提唱した。意思決定とは「一定の目的を達成するために，2つ以上の代替案から1つの代替案を選択するプロセス」(大月他, 2008：167-168) である。つまり，人間は行動を起こす際には，それに先だって意思決定をするものとされる。どのような意思決定をするかによって，人間の行動は決まるのであり，その行動の結果も決まるのである。人は合理的に行動しようとすることが組織に関する理論では前提にしている。

　しかしながら，人は本当に合理的に意思決定し，行動しているのであろうか。この合理性については多くの議論がされているが，Simon は伝統的な経営学および組織の理論で前提とされている完全合理性および客観的合理性に代えて制約された合理性 (bounded rationality) を提唱した。人間は，自身のもつ限られた経験や知識・情報，環境認知，そして価値観により意思決定を行わなければならず，それが現実の意思決定である。したがって，客観的で完全な合理性を希求しつつも，人間はそれを実際に入手することはできない。それゆえに，人は失敗したり，間違いを起こしたりするのである。このような合理性下にある人

間の行動を意思決定の立場から考えることを，組織の情報処理パラダイムと呼んでいる。

また，意思決定はつねに2つのことを考慮して行われている。すなわち，それは事実前提と価値前提である。事実前提は経験的に検証できるものであるのに対して，価値前提は経験的に検証できないものである。たとえば，自動車が何馬力であり，時速100キロに達するまでに何秒かかるかは実験により実証することはできるが，乗用車が好きか，SUVが好きか，あるいは白い色の車が好きか，黒い色の車が好きかは人の好みであり価値判断であるので，優劣やどちらが正かなどを検証することはできない。

この前提を組織に当てはめてみると，価値前提は組織の目的に関するもので動機づけに関係するものである。その一方で，事実前提は認知に関係するものでその目的を達成する手段と言い換えることができる。したがって，Simon はこの点を指摘して組織の理論マネジメントの研究対象を事実前提に限定することにより科学的検証が可能であるとして，経営行動および組織の理論を展開した。つまり，Simon は，価値前提である組織の目的を所与として，その目的を達成する手段の合理的選択に組織研究の焦点を当てたのである。

図表1-1　意思決定の前提

	意思決定の前提	検証可能性	組織との関係
意思決定	価値前提	経験的に検証不可能	目　的
	事実前提	経験的に検証可能	手　段

しかし，先に指摘したように，人間は価値判断と事実判断を同時に行うものであり，この2つを明確に切り離して論じることは不可能である。やはり，意思決定を論じる場合には，価値前提と事実前提をともに扱うことが要求されるし，1980年代の組織文化論の研究は，まさにSimonが課題として残した組織の価値前提を扱おうとする議論であったといえる。

Ⅱ．制約された合理性とは何か

　組織について合理性を考える時，さまざまな合理性がこれまで考えられてきている。たとえば，目的合理性，完全合理性，客観合理性，主観的合理性，経済的合理性，回顧的合理性，事前合理性，事後合理性などがある。初期の組織の理論では完全合理性および客観合理性により「経済人モデル (Economic Man Model)」が組織の人間モデルとして考えられてきたが，組織行動論が理論分野としてひとつの研究領域を形成する頃には，欲求充足人モデルとともにSimonによる制約された合理性にもとづく意思決定を前提とした「経営人モデル (Administrative Man Model)」が組織の人間モデルとして一般化している。

　1930年代までの組織の理論は，Taylor (Taylor, F. W.) に始まる科学的管理法にみられる経済人モデルにもとづく完全合理性もしくは客観的合理性を理論の暗黙の前提としてきたが，Simonは人間のもつ能力の限界を以下のように指摘して (Simon, 1997：93-94, 訳145) [1]，制約された合理性下における意思決定を管理行動および人間行動の基本的分析単位とした。

(1) 合理性は，各選択に続いて起こる諸結果についての完全な知識と予測を必要とする。実際には，結果の知識はつねに断片的なものである。
(2) これらの諸結果は将来のことであるため，それらの諸結果と価値を結び付ける際に想像によって経験的な感覚の不足を補わなければならない。しかし，価値は不完全にしか予測できない。
(3) 合理性は，起こりうる代替的行動のすべての中から選択することを要求する。実際の行動では，これらの可能な代替的行動のうちのほんの2，3の行動のみしか心に浮かばない。

　つまり，人間は何かしようとするときそれに関するすべての情報を入手することは不可能であり，もしも入手できたとしてもその情報を完全に処理する能力をもっていないということである。したがって，人間の行う意思決定は将来

を完全に予測することはできないし，その意思決定とそれに伴う行動や活動が合理的であったかは事後的にしか判断することはできない。人間はつねに不完全な情報下で意思決定をせざるをえないが故に，いかに情報を収集し，それをできるだけ完全に処理しようとするという仮定が経営人モデルなのである。

このように，制約された合理性下にある人間は完全合理性にもとづいて意思決定をするという最適化意思決定を行うことはできず，不完全で自分自身が十分と思える基準，すなわち満足化基準にもとづいて意思決定し行動するのである。したがって，組織における人間行動は組織からの影響を受けつつ満足化意思決定をすることになり，また組織の意思決定やそれにともなう行動も同様に制約された合理性のもとで満足化意思決定をすることとなる。

Ⅲ．意思決定のプロセスと意思決定のレベル

1．意思決定のプロセス

人間は行動に先立ち意思決定をするが，その意思決定は瞬時に行われることもあれば，熟慮した結果として行われることもある。どちらにしても意思決定をするプロセスを経ることには変わりはない。Simon (1977) は，意思決定のプロセスを①インテリジェンス活動，②デザイン活動，③選択活動，④再検討活動としている。つまり，意思決定はこのプロセスを行っているということになる。人間は，何か問題や目的を喚起した場合，その問題を知覚し，それに関する情報を収集し，代替案をみつけ，その代替案を行った場合の結果を予測し，代替案を評価して，最後に最適と思われる代替案（実際には，満足化基準による）を選択，その結果を再検討するということになる。

以上のように，組織であれ，個人であれ意思決定のプロセスは基本的には同じである。組織は個人の協働体系であるとするならば，組織の中での個人の意思決定と組織の意思決定について考察する必要があろう。組織が必要とする個人の行動そしてその行動に先立つ意思決定は組織に貢献するものでなくてはならないし，そのために組織は組織に参加する個人に対して組織的影響力を行使

図表 1-2　意思決定のプロセス

問題や目的の喚起	問題の解決や何かしようとする目的の喚起
	〈事例〉旅行に行くのに旅行用バッグがなく，旅行用バッグを購入したい
問題の知覚	その問題の解決や目的達成のための現状の認識
	3泊程度の旅行用バッグが必要となるがバッグを持っていない
代替案の探索	問題や目的を達成するための情報の収集と代替案の発見
	インターネットやデパート，鞄専門店で適切なバッグを探す
その結果の予測	代替案の実行による結果の予測
	予算とデザイン，使い心地，バッグの素材，バッグの重さや色を考慮して，購入して旅行した場合の予測を行う
代替案の評価	代替案の予測にもとづき代替案の評価
	予測の結果として最適と思われるバッグを選定する
代替案の選択	利用可能で実行可能な代替案を選択すること
	選定の結果，特定の条件にあったバッグを購入する
代替案の再検討	実際に代替案を実行した結果の再検討
	購入したバッグで旅行し，その結果を評価・検討する

することになる。このような考え方はSimonの組織影響論として知られている。
　他方，組織はその意思決定レベルにおいて理解されなければならない。それが組織の意思決定レベルとそのパターンを考察する理由である。

2. 意思決定のレベルとパターン

　組織には階層性があることは周知のとおりである。したがって，組織における意思決定にはその階層による意思決定がなされることになる。Ansoff (1965)は，企業戦略論を展開するにあたり組織の意思決定レベルについて (1) 戦略的意思決定, (2) 管理的意思決定, (3) 業務的意思決定をあげている。

(1) 戦略的意思決定：企業における内部の問題というよりは外部の問題に関係するもので，市場と製品の適合に関する意思決定であり，どのような

製品で，どの市場に参入するかという問題に関係している。
(2) 管理的意思決定：いわゆるヒト，モノ，カネ，情報など企業のもつ資源をいかに最大限に活用できるように組織化するかということに関係している。
(3) 業務的意思決定：システムとしての組織のもつ資源を効率的に活用し，その資源の変換プロセスの最適利用を考えることにより，企業の収益を最大にすることに関係している。

もちろんこれらの意思決定は相互依存的であり，かつ補完的な意思決定である。したがって，組織にとってはこれらの意思決定をいかに統合して外部および内部環境に対処していくかが重要な問題となる。

また，意思決定にはそのパターンを考えることができる。これは個人も組織も同じであるが，一般的には定型的意思決定と非定型的意思決定である。定型的な意思決定とは，ルーティン化されプログラム化される意思決定であり，通常は繰り返し同じ意思決定が要求されるものである。たとえば，工場で事故が発生したときには素早く決められたプログラム通りに対処することが要求されるし，事務手続きにおいても問題が発生した場合にはあらかじめ対処方法が準

図表1-3　組織の意思決定レベルとパターン

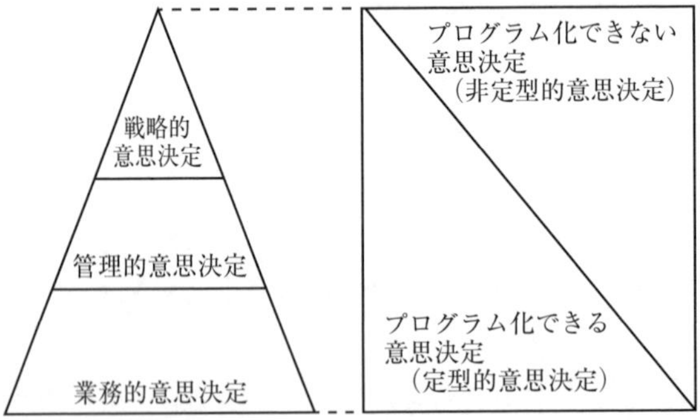

出所）大月他（2008：172）

図表 1-4　意思決定の種類と技法

意思決定の種類	意思決定技術	
	伝統的	現代的
プログラム化しうるもの： 日常的反復的決定 （これらを処理するために特別な処理規定が定められる）	(1) 習慣 (2) 事務上の慣例： 　　標準的な処理手続き (3) 組織構造： 　　共通の期待 　　下位目標の体系 　　よく定義された情報網	(1) オペレーション・リサーチ： 　　数学解析モデル 　　コンピュータ・シミュレーション (2) 電子計算機によるデータ処理
プログラム化しえないもの： 一度きりの構造化しにくい 例外的な方針決定 （これらは一般的な問題解決過程によって処理される）	(1) 判断，直観，創造力 (2) 目の子算 (3) 経営者の選抜と訓練	発見的問題解決法 （これは以下のものに適用される） (a) 人間という意思決定者への訓練 (b) 発見的なコンピュータ・プログラムの作成

出所）大月他（2008：171）

備されなければならない。このような意思決定は，主に管理的意思決定と業務的意思決定にみられる。

　他方，非定型的意思決定とは，あらかじめ予測が困難であり，事前に準備することができない問題に対処しなければならないことに対する意思決定である。この意思決定は主に将来の予測に関係するもので，Ansoff（1965）が部分的無知と呼んだ制約的合理性における意思決定であり，トップ・マネジメントが関わる戦略的意思決定におけるそれと関係している。これらの関係については，図表1-3と図表1-4として示すことができる。

　その他にも個人的意思決定，集団的意思決定，長期的意思決定，短期的意思決定などさまざまな意思決定のパターンを考えることができるが，ミクロ組織論では主に組織的意思決定の中でも個人的意思決定，集団的意思決定が主要な課題として扱われている。

Ⅳ. 事前合理性と事後合理性

　組織行動を導く意思決定に関する従来の合理性は，制約された合理性下にあり，もっぱら将来に対する予測を考慮した事前合理性に関心があった。上記で説明したように，Ansoff (Ansoff, I.) は組織のトップ・マネジメントが行う戦略的意思決定に注目して企業戦略論を展開した。経営戦略とはまさに将来の事業のあり方を問うものであり，将来の予測を意味している。そのため，組織の情報処理パラダイムでは，いかに不確実性を排除して組織を将来の脅威から防衛するかが重大な関心事であった (Thompson, 1967)。

　このような合理性の考え方に対して Weick (1979) は，組織行動は行ってみてその行動を正当化することを指摘しいわば回顧的合理性というべき考え方を提起している。組織の解釈的パラダイムに立脚すれば，組織は目的を達成するための機能的存在ではなく，むしろ意味のシステムとして理解される。ここでは，個人が自分の行動をいかに理解し，解釈するか，そしてある行為がいかに組織の中で関連するか，が組織分析の対象となる。したがって，組織研究は，① 組織は何を成し遂げ，また ② 組織はいかにして能率的にそれを成し遂げるかという視点よりは，① 組織はいかにして成し遂げ，② 組織化される意味は何か，という解釈的視点[2]に重点をおくことになる (高橋, 2006：74)。

　それ故に，組織は客観的・技術的合理性を基準とするよりは，組織のもつ意味や価値体系，そして組織が生む価値の基準に依拠した解釈的な合理性にしたがうと考えることができる。人間は学習を通して社会化され，社会的・文化的特質を成長の過程で身につけ，その規範（個人が形成する認知マップもしくは思考パターン）にしたがって現実を構成し，客観的世界との対比を通して常に現実を再解釈し，再構成する[3]。それ故に，人間の行動は「限られた合理性」による意思決定の結果というよりは，むしろ行った行動を人間は解釈し，正当化する。さらに，この事後的な正当化の過程をとおして，組織の合理性が形成されるのである。個人の意思決定とその結果である組織行動は，ある時点での，ある状況下での入手情報（認知マップというフィルターにかけられた認知情報）とシンボリッ

ク構成される現実との結果であって，必ずしも客観的合理性の論理に支配されるものではない。個人であっても組織であっても，世界は常に主観的に構成されるのであって，その意味において合理的なのである。

このような主観的合理性から，組織理論における解釈的研究には以下の4つの仮説が含まれる (Isabella, 1990：9-10)。第1は，組織メンバーは自ら住む現実を能動的に創造し，将来の行動のもととなる「物質的でありかつシンボリックな記録 (material and symbolic record)」を創造することである。

第2の仮説は，個人が共有することのできる準拠枠が集団内に存在し，準拠枠は社会的交換を通して創造されるもしくは時間を超えて取り決められる認知的合意が集団の支配的論理あるいは支配的現実を意味することである。

第3は，集団の管理者の見方は，組織変革のあいだに発生する認知的シフトの中心として現れるので，特に重要であること。管理者は組織において重要な認知機能を果たしており，管理者を支配している現実は他の組織メンバーの現実の解釈に影響を及ぼす。組織のもつ意味や重要性は社会的構成体によって描かれ，それが組織メンバーの描く現実であるということである。

最後の仮説は，解釈は事後的に形成されるということである。解釈は起こっている最中ではなくて，出来事の後で形成される傾向にあり，解釈的探索はしばしばすでに起こった出来事にもとづいて形成され，時間とともに共通した見方が現れる。

このような仮説を受け入れるとすれば，組織の合理性は，客観的・技術的合理性というより，意味創出の主観的・解釈的合理性を優先すると仮定される。

この解釈的研究の基本的な視座は，「人間は人間が生きていく社会において適応し，順応しかつ自己生存のために，学習を通して社会的・文化的規範を受け入れ社会的な生活手段を身につけることによって社会メンバーとして成長した社会的存在」である。それゆえ，社会的価値を言語・儀式・神話・伝説等を媒介として記憶し，認知マップを各自で作成する。そして，個人の外界からの情報は，認知情報として各自のもつ主観的現実の中で解釈される。各個人は，それによって現実社会を理解し，了解し，行動する。したがって，組織現象も

また同様の意味・解釈の循環プロセスから組織の現実として組織メンバーからは理解される。組織は目的合理性もしくは技術的合理性達成のための手段的道具であるという機能主義的組織論を十分評価できるが，他方で組織行動は人間行動の集合体であり，人間から独立しているのではないのであるから，この意味において組織は解釈的な合理性もしくは事後的に行動を正当化し，合理的であったどうかを判断するという事後的な合理性しかもちえないといえる。あくまでも人間は主観的にもとづいて組織の合理性を判断するのである。このように組織現象は組織内の各個人の描く共有された組織の現実として，また組織の合理性もそのコンテクストの中で理解されることになるのである。

注
1) Berger & Luckmann (1967) の解釈主義のパラダイムと同じ視座であるといえる。詳しくは，高橋 (2006) 第2章第4節を参照のこと。
2) このような管理者についてのとらえ方については，Deal & Kennedy (1982), Pfeffer (1981) が参考となる。
3) これらについては，高橋 (1985) を参照のこと。また，ここから考えられる解釈主義的組織研究の新しい人間観については，Pondy & Mitroff (1979) もしくは高橋 (1985) を参照されたい。

さらに学習すべき事柄
・個人の意思決定と組織の意思決定の違いについて考えてみよう。
・「合理的意思決定とは何か」について考えてみよう。

読んでもらいたい文献
サイモン，H. A. 著，稲葉元吉・倉井武夫訳 (1979)『意思決定の科学』産業能率短期大学出版部
サイモン，H. A. 著，二村敏子・桑田耕太郎・高尾義明・西脇暢子・高柳美香訳 (1965)『新版 経営行動—経営組織における意思決定過程の研究—』ダイヤモンド社

引用・参考文献
Ansoff, H.I. (1965) *Corporate Strategy*. New York：Mcgraw-Hill.（広田寿亮訳『企業戦略論』産業能率短期大学出版部，1969年）

Berger, P.L., & Luckmann, T. (1967) *The Social Construction of Reality : A Treatise in the Sociology of Knowledge.* New York : Anchor Books. (山口節郎訳『日常世界の構成―アイデンティティと社会の弁証法―』新曜社，1977 年)
Deal, T.E., & Kennedy, A.A. (1982) *Corporate Cultures : The Rites and Rituals of Corporate Life.* Reading, MA : Addison-Wesley Publishing Company. (城山三郎訳『シンボリック・マネジャー』新潮社，1983 年)
Isabella,L.A. (1990) Evolving Interpretations as a Change Unfolds : How Managers Construe Key Organizational Events. *Academy of Management Journal,* 33-1 : 7-41.
大月博司・高橋正泰・山口善昭（2008）『経営学―理論と体系―（第三版）』同文舘
Pfeffer, J. (1981) Management as Symbolic Action : The Creation and Maintenance of Organizational Paradigms. In Cummimgs, L.L., & Staw, B.M. (eds.) *Research in Organizational Behavior,* Greenwich, CT : JAI Press, 3 : 1-52.
Pondy, L.R., & Mitroff, I.I. (1979) Beyond Open System Models of Organization. B.M.Staw (ed.), *Research in Organizational Behavior.* Greenwich, CT : JAI Press, 1 : 3-39.
Simon, H. A. (1977) *The New Science of Management Decision.* Englewood Cliff, NJ : Prentice-Hall. (稲葉元吉・倉井武夫『意思決定の科学』産業能率短期大学出版部，1979 年)
Simon, H. A. (1997) *Administrative Behavior.* (4th ed.). New York : Free Press. (二村敏子・桑田耕太郎・高尾義明・西脇暢子・高柳美香訳『新版　経営行動―経営組織における意思決定過程の研究―』ダイヤモンド社，1965 年)
高橋正泰（1985）「組織シンボリズムの方法論」『商学討究』（小樽商科大学）第36 巻第 2 号
高橋正泰（2006）『組織シンボリズム―メタファーの組織論―（増補版）』同文舘
Thompson, J.D. (1967) *Organizations in Action.* New York : McGraw-Hill. (高宮晋監訳『オーガニゼーション イン アクション』同文舘，1987 年)
Weick, K.E. (1979) Cognitive Processes in Organizations. In Barry M.Staw (eds.) ,*Reseach in Organizational Behavior.* Greenwich, CT : JAI Press, 1 : 41-71.

第2章　パーソナリティ

　組織には，さまざまな個性や背景をもった人々が共に働いている。さまざまな側面において個人差は存在するが，その中でもパーソナリティは比較的一貫，安定して個人差を示すものとして理解されている。その点において，従業員のパーソナリティは管理の対象というよりはむしろ理解すべき対象である。さらに，パーソナリティは従業員の満足度やモチベーションといった職務態度や職務成果に大きな影響を与えている。
　本章では，パーソナリティとは何かを考えるとともに，パーソナリティが職場における従業員の態度や職務成果とどのように関連しているのかについて検討する。

キーワード：遺伝的要因，5因子モデル，中核的自己評価，ダークトライアド，職業適性

Ⅰ．パーソナリティとは

1. 定　義

　古典劇において役者が使用する仮面を意味する「ペルソナ (persona)」という言葉に語源をもつパーソナリティ (personality) は，「比較的に一貫性が見られる個人の思考，感情，そして行動様式」(McCrae & Costa, 1997：509) と定義される。しかし実際には「特性 (traits)」や「性格 (character)」など類似する言葉と混同して用いられている。とりわけ，特性は遺伝的な影響が大きいものを想定し，その人独自の個性として理解されている。一方，性格とはさまざまな環境とその変化に対する反応や適応の行動様式を表面的にとらえたものである。本章では，パーソナリティを人の行動様式とその背後にある精神的機能の全体的特徴を表す概念として理解する。

2. 決定要因（遺伝と環境）

　パーソナリティの決定要因において「遺伝 (nature)」か「環境 (nurture)」かという論争は古くから人々の関心事であった。心理学における学問上の検討も

古くから行われており,現在では,遺伝と環境はパーソナリティと相互に深く関わっているが,環境より遺伝的要因がパーソナリティの決定に大きく寄与していることが確認されている。

遺伝と環境の問題を検討する際に頻繁に用いられる双生児研究の中でも,Bouchard et al. (1990) によるミネソタ双子養子研究 (Minnesota Study of Twins Reared Apart: MISTRA) はパーソナリティの形成要因についての重要な示唆を与えている。この研究では,別々の家庭環境下で育てられた一卵性双生児 59 組と二卵性双生児 47 組,さらに同一の家庭環境下で育てられた多くの一卵性および二卵性双生児が対象となって調査が行われた。その結果,一卵性双生児は二卵性双生児に比べて,二人が同じ家庭環境で育てられたかどうかにかかわらず,すべての心理学的側面(職業の選択,仕事に対するモチベーションと価値観など)において類似していることが明らかとなった (Lykken, et al., 1993)。

日本国内においても安藤(2011)による 600 組の双生児を対象とした大規模調査が実施されている。この研究では,次節で紹介するパーソナリティのモデルとして有名な 5 因子モデルとの関連で調査したところ,職務態度と成果に影響

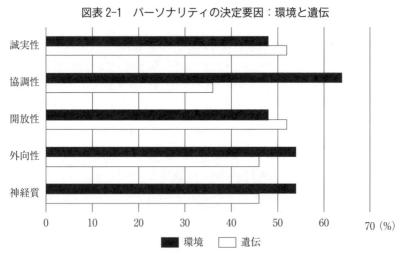

図表 2-1　パーソナリティの決定要因:環境と遺伝

出所)安藤寿康(2011)『遺伝マインド―遺伝子が織り成す行動と文化―』有斐閣

を与える「誠実性」と「開放性」の場合，52%が遺伝的要因で，残りは環境的要因によって決定されるという結果が確認された（図表2-1）。

Ⅱ．主要パーソナリティのフレームワーク

1. Myers・Briggs の性格タイプ・インデックス

　Myers・Briggs の性格タイプ・インデックス（Myers-Briggs Type Indicator: MBTI）は世界で最も用いられている性格診断テストである。MBTI は，精神障害者を対象に心理学の研究が行われていた1920年代，健全な人々（"well people"）との間の違いについて説明するモデルを作ろうとしていた心理学者 Jung（Jung, C.）の性格分類理論にもとづいている（Myers, 1995）。当時教師だった Briggs（Briggs, K.）が娘である Myers（Myers, I.）と共に Jung の性格類型論を20年以上に渡って研究した成果として，MBTI の原型となる質問票が完成された。1942年にアメリカで出版されて以降，定期的に見直しがなされており，現在では25言語，45カ国で使用されている。

- 内向型（I：Introversion）または外向型（E：Extraversion）：内向型は物静かで内気である。外向型は社交的で自己主張が強い。
- 感覚型（S：Sensing）または直観型（N：Intuition）：感覚型は現実的に考える。直観型は無意識のプロセスに頼る。
- 思考型（T：Thinking）または感情型（F：Feeling）：思考型は論理的に問題を処理する。感情型は感情を重視する。
- 判断型（J：Judging）または知覚型（P：Perceiving）：判断型は計画的かつ断定的である。知覚型は柔軟な計画を好む。

　MBTI では，上記の4つの側面から，個人のパーソナリティをそれぞれの組み合わせによって16のタイプに類型化した後，各タイプの特徴を考察している。たとえば，ENTP タイプは社交的で好奇心旺盛な思考家であり，規則や

ルールにとらわれず自由に働くことを好む企業家タイプである。INTJ タイプは，独創的な考えと戦略的思考をもっており，自分の目標に向かって絶えず進んでいくのが長所である。また知識の習得に熱心で一人で働くことを好む科学者タイプといえる。

　MBTI は，ゼネラル・エレクトリック (GE) やアップル，ホールマークなど数多くの企業において，自己理解研修やコミュニケーション研修，チームビルディング，リーダーシップ開発などの目的で頻繁に使用されている。また，企業以外にも病院や教育機関でも臨床カウンセリングや学生相談，キャリアカウンセリング，就職支援などで広く使用されている。

　しかし，類型にもとづくパーソナリティ理論の限界でもあるが，全世界の人々のパーソナリティがたった 16 種類で分類できるかについての疑問は残る (Arnau et al., 2003 ; Pittenger, 2005)。また，MBTI の結果は従業員の職務成果とは関係がないことが報告されているため，企業の人材の選抜試験には有効ではないとの指摘もなされている (McShane & Von Glinow, 2011)。

2. 5 因子モデル

　5 因子モデル (Big Five Model) は，MBTI のように個人のパーソナリティをいくつかの類型に分類して把握を試みる (類型論) のではなく，個人のパーソナリティには共通したいくつかの特性次元があり，その「特性の程度の組み合わせ」によって個人のパーソナリティは理解できると考えるものである (Barrick & Mount, 1990)。このような個人のパーソナリティを共通の特性次元の程度の組み合わせによって把握する考え方を特性論と一般的にいう。具体的に，5 因子モデルでは，人間がもつさまざまなパーソナリティは 5 つの特性 (開放性，誠実性，外向性，協調性，神経症傾向) の組み合わせで構成されることが仮定されている (Barrick et al., 2001)。この 5 因子モデルは，5 つの特性の英語の頭文字をとって OCEAN とも呼ばれている。

・経験への開放性 (Openness)：好奇心旺盛，知的，想像力豊か，芸術的な感

覚に富む。
- 誠実性(Conscientiousness)：目標志向，規則正しい，責任感が強い，頼りになる。
- 外向性(Extraversion)：社交的，話し好き，自己主張が強い。
- 協調性(Agreeableness)：愛想の良い，寛容な，優しい，人を信頼する。
- 神経症傾向(Neuroticism)：不安定な，憂鬱な，怒りっぽい，気難しい。
  ※神経症傾向の代わりに，それの肯定的概念である「情緒安定性(emotional stability)：冷静，熱心，緊張に動じない」が使われる場合も多い。

上記の5因子は職業適性，職務態度，そして職務成果を予測するのに有効であることが多くの研究から明らかになっている。まず職業適性との関連については，「経験への開放性」は芸術的(画家，音楽家，作家など)職業との間で，「外向性」は企業的(広報専門家，企業経営者など)職業との間で，それぞれ有意な関係をもつことが確認された(Mount et al., 2005)。

また，図表2-2が示すように，パーソナリティの5因子は職務態度に対しても影響を及ぼすことが報告されている。たとえば，Judge et al. (2002) の研究では，「情緒安定性」と「誠実性」が高いほど，職務満足感(job satisfaction)も高まることが確認された。またこの研究では，「情緒安定性」と「誠実性」が主観的人生満足感(life satisfaction)とも深く関連していることも明らかとなった。

さらに，5因子モデルの視点から個人の職務成果を検討した数多くの研究では，「誠実性」が職務成果に対して最も有意な影響を及ぼすことが報告されている(e.g., Judge & Ilies, 2002)。一方，「外向性」は職位や職種によって違いがあり，マネジャーとしてのリーダーシップ成果と営業職としての成績との間に高い関連性がみられた(Barrick et al., 2002)。さらには近年従業員の自発的学習能力が注目されているなかで，「経験への開放性」は個人の学習に対するモチベーション及び教育訓練に際しての熟練度との間で密接な関連が確認されている(Major et al., 2006)。

図表 2-2 パーソナリティの5因子と職務・人生満足感との関係

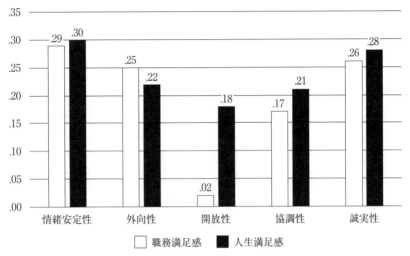

注）数字（ρ値）はメタ分析による母集団相関係数（estimated true score correlation）
出所）Judge et al.（2002）のメタ分析結果をもとに筆者作成

3. 中核的自己評価

　中核的自己評価（core self-evaluation）は，5因子モデルとともに従業員の重要な職務態度や行動と密接に関連していることから，多くの研究者や実務家の注目を集めてきた。中核的自己評価は，「自尊感情（self-esteem）」，「一般的自己効力感（generalized self-efficacy）」，「統制の所在（locus of control）」，そして「情緒安定性（emotional stability）」という4つのパーソナリティ特性から構成されている。これら4つのパーソナリティ特性は，自分自身の価値や能力に対する評価であり，人間にとって最も基本的な個人差特性を表している（Judge et al., 1998）。つまり，中核的自己評価理論では，そもそも自己評価の高い人もいれば，低い人もいるということが前提とされ，さらにその自己評価の程度が個人の職務態度や成果にも影響を及ぼすことが仮定されている（Judge & Bono, 2001）。中核的自己評価を構成している4つのパーソナリティ特性の詳細は以下の通りである。

　・自尊感情：自分自身を好きか嫌いかという程度（Harter, 1990）。

- 一般的自己効力感：人生のさまざまな状況において，必要な行動をうまく遂行できるかという自分自身の根本的能力に対する評価 (Locke et al., 1996)。
- 統制の所在：人生のいろんな出来事の原因がどこにあるのかに対する信念 (Rotter, 1966)。自己の内部にあると考える「内的統制型」と外部の事柄 (運命や偶然) にコントロールされているとする「外的統制型」とに区別される。
- 情緒安定性：5因子モデルのひとつである神経症傾向の肯定的概念として，冷静，熱心，緊張に動じない特性である。

上記の4つのパーソナリティ特性が全般的に高い人 (中核的自己評価の高い人) は，自分自身をポジティブにとらえるのと同様に，職場でも物事のポジティブな面に注目しようとする傾向が強い (Judge & Bono 2001；Judge et al., 2005)。そのため，人生一般や仕事に対する満足感が高いことが報告されている (Judge et al., 2005；Rich et al., 2010)。

また，中核的自己評価の高い人は，自分は価値のある人間だと思っているので，それに見合うように，高い目標を設定して，それを成し遂げるために努める (Dodgson & Wood, 1998)。したがって，自己評価が低く，むずかしい仕事を避けようとする人 (中核的自己評価の低い人) に比べて，中核的自己評価の高い人は，高い職務成果をあげている (e.g., Erez & Judge, 2001；Judge & Bono, 2001)。

4. ダークトライアド

ダークトライアド (dark triad) とは，マキャベリズム (Machiavellism)，ナルシシズム (Narcissism)，そしてサイコパシー (Psychopathy) という3つのパーソナリティ特性の総称であり，反社会的なパーソナリティ特性として理解されている概念である (Paulhus & Williams, 2002)。

- マキャベリズム：他者操作的で，人に対して屈折した見方をもち，利己主義にもとづく道徳観をもっている (Christie & Geis, 1970)。
- ナルシシズム：自己愛傾向とも呼ばれているナルシシズムは，賞賛や注目，

地位や名声を求め，他者に対して競争的で攻撃的な特性である (Raskin & Hall, 1979)。
・サイコパシー：共感性の欠如，衝動性，罪悪感の欠如のような反社会的傾向によって特徴づけられる (Hare, 2003)。

上記のように，ダークトライアド(マキャベリズム，ナルシシズム，そしてサイコパシー)は，冷淡な感情や対人操作性などで共通している。これまでの研究では，ダークトライアド傾向の強い従業員の場合，職務成果は低く，組織機能阻害行動(職場の逸脱や職場いじめなど)をとる傾向が高いことが確認されている (e.g., O'Boyle Jr. et al., 2012)。

一方，興味深いことに，Boddy et al. (2010) の研究では，組織階層の上位 (e.g., 取締役会) にはサイコパシーと判断される人々の割合が高いことが報告されている。また，ダークトライアド特性の傾向の強い人は，組織内で昇進・昇給などキャリア上での高い成果を上げることも確認されている (Wille et al., 2013)。

上述のように，ダークトライアド特性は組織における職務態度と成果に対して，ネガティブな影響と同時にポジティブな影響も及ぼしている。こうした一見相対する研究成果に対して，一部の研究では，ダークトライアドと5因子モデルとの相関関係から説明を試みている (e.g., Jonason et al., 2010)。図2-3によると，ダークトライアド特性は協調性と誠実性とは負の相関関係がある一方，外向性と経験への開放性とは正の相関関係がある。すなわち，ダークトライアド特性の傾向が強い人は，協調性と誠実性が低い水準であるため，組織機能阻害行動を行う可能性が相対的に高く，また全般的な職務評価が低いという従来の研究結果が支持される (O'Boyle Jr. et al., 2012)。それに対して，ダークトライアド特性の傾向が強い人は，社交的で新しい体験への積極性や好奇心が高いことから，近年激しく変化している経営環境で最も求められている適応力の高い人材としてキャリア上の成功を収めることが考えられる (Wille et al., 2013)。

図表 2-3 ダークトライアドとパーソナリティの 5 因子との関係

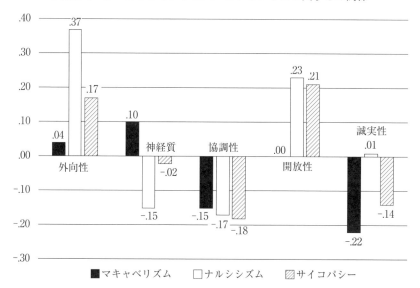

注）数字（r 値）は相関係数
出所）Jonason et al.（2010）の分析結果をもとに筆者作成

Ⅲ．パーソナリティと職業適性

1. Holland の六角形モデル

　個人のパーソナリティと職業適性に関する理論として最もよく知られているのは，Holland (1970) の六角形モデルである。またこの理論にもとづき，個人の職業選択に関する進路指導の資料として用いられているのが，職業興味検査 (Vocational Preference Inventory: VPI) である。日本でも，1985 年に日本語版「VPI 職業興味検査」（独立行政法人労働政策研究・研修機構）が公表され，大学生等に対する職業ガイダンスのツールとして使用されている。

　この Holland (1985) の六角形モデルでは，個人がもつ 6 つのパーソナリティ特性（現実的・研究的・芸術的・社会的・企業的・慣習的）と 6 つの職業タイプ（現実的・研究的・芸術的・社会的・企業的・慣習的）との適合度が職務満足感や職務成果を決

図表 2-4　ホランドによる VPI 職業興味検査内容

興味や特性といった個人のパーソナリティ		適　職
現実的 (Realistic)	機械や物を対象とする具体的で実際的な仕事や活動に対する好みや関心の強さを示す。	機械工，組立工，農業従事者
研究的 (Investigative)	研究や調査などのような研究的，探索的な仕事や活動に対する好みや関心の強さを示す。	経済研究者，数学者，ニュース記者
芸術的 (Artistic)	音楽，美術，文芸など芸術的領域での仕事や活動に対する好みや関心の強さを示す。	画家，音楽家，作家
社会的 (Social)	人に接したり，奉仕したりする仕事や活動に対する好みや関心の強さを示す。	ソーシャルワーカー，カウンセラー，教師
企業的 (Enterprising)	企画や組織運営，経営などのような仕事や活動に対する好みや関心の強さを示す。	不動産業，中小企業経営者，広報専門家
慣習的 (Conventional)	定まった方式や規則に従って行動するような仕事や活動に対する好みや関心の強さを示す。	会計士，大企業経営者

出所）労働政策研究・研修機構「VPI 職業興味検査」の職業興味の 6 領域を参照に著者加筆修正

定することが仮定されている。すなわち個人のパーソナリティ特性と職業タイプが適合している場合，最も望ましい職務態度及び成果が得られることが想定されている。

具体的には，VPI 職業興味検査では 160 の具体的な職業名が記されており，それぞれの職業に対する興味・関心の有無の回答から，6 種の職業興味（現実的，研究的，芸術的，社会的，企業的，慣習的）と 5 種の心理的傾向（自己統制，男性・女性，地位志向，稀有反応，黙従反応）に対する個人の特性が測定される。図表 2-4 は，6 つのパーソナリティ特性とそれに適合した職務，職業内容を示したものである。

2. 日本企業における職業適性検査

企業が採用活動の一環として取り入れている適性検査は，「性格面や能力面などから考慮した際に，応募者が応募先の企業の業務を行う上で適しているか」について，客観的に判断する尺度として用いられている。適性検査は，「能力（学力）適性検査」と「性格適性検査」に大別できる。多くの企業では，能力検査のみを実施することはまれであり，能力検査と性格検査をどちらも行う総合検査，もしくは性格検査のみを実施する場合がほとんどである。ここでは，

性格検査と総合検査を中心に説明する。

まず，日本企業で実施されている性格検査では，クレペリンやY-G性格検査，数研式M-G性格検査，CPIなどがある。その中でも，クレペリンとY-G性格検査は大企業や官公庁などで頻繁に採用されている。

- クレペリン：正式な名称は，内田クレペリン精神検査である。1列に並んだ1桁の数字の足し算を繰り返し行う方式で，最後に描かれた「作業曲線」から，性格及び職務遂行における行動面の特徴などを測定する検査である。
- Y-G性格検査：Guilford（Guilford, J. P.）らによって開発された検査を矢田部らが日本人向けに作成した性格調査であり，正式な名称は矢田部・ギルフォード性格検査である。このY-G性格検査は，心理学的根拠にもとづく検査として，抑うつ性や攻撃性など性格を形成する12の尺度を客観的に測定する。

次に，日本の企業で実施される総合検査としては，SPIやCAB，GAB，玉手箱，TG-WEBなどがあげられるが，より多くの企業で採用されている検査は，SPIと玉手箱である。そのなかでもリクルートマネジメントソリューションズによるSPIが約4割のシェアを占めている。実際，日本の高等教育機関のキャリア支援においても，適性検査に関する練習を「SPI対策」と総称することがあるように，SPIはその種の検査の中で最も有名である。

- SPI（Synthetic Personality Inventory）：最新のバージョンである「SPI3」は，能力（学力）検査と性格検査の2種類で構成されている。能力検査は実務処理能力を判断する「非言語分野」と意思伝達能力や文章作成能力を判断する「言語分野」に分けられている。また，性格検査は「行動」，「意欲」，「情緒」，そして「ライフスケール」の4つに分かれていて，それぞれの性向を測定する。2017年度は，電通やパナソニック，LINE，りそな銀行といった大手企業で採用された。

・玉手箱：日本 SHL 社によって開発された玉手箱は，WEB テストでうけるタイプの適性検査として特に IT 系企業で実施されることが多い。玉手箱も総合検査として，能力検査と性格検査で構成されている。能力検査には「言語」，「計数」，さらに「英語」が含まれているのが特徴的である。また性格検査には，パーソナリティ診断とモチベーション診断の 2 種類がある。2017 年度は TBS やフジテレビといったマスコミ，また三井住友銀行やドイツ銀行などの金融系企業に採用された。

さらに学習すべき事柄
・職務満足感及び職務成果に影響を及ぼすパーソナリティ要因として，本章で取り上げたもの以外にどのようなパーソナリティ要因があるのか，調べてみよう。
・パーソナリティは国民文化を超えて適用できるのか，調べてみよう（たとえば，日本人はアメリカ人に比べ「誠実性」が高い？）。

読んでもらいたい文献
ネトル，ダニエル著，竹内和世訳（2009）『パーソナリティを科学する―特性 5 因子であなたがわかる―』白揚社
ポール・D・ティーガー，バーバラ・バロン著，栗木さつき訳（2016）『あなたの天職がわかる 16 の性格』主婦の友社

引用・参考文献
安藤寿康（2011）『遺伝マインド―遺伝子が織り成す行動と文化―』有斐閣
Arnau, R. C., Green, B. A., Rosen, D. H., Gleaves, D. H., & Melancon, J. G. (2003) "Are Jungian preferences really categorical?: An empirical investigation using taxometric analysis," *Personality and Individual Differences*, 34(2): 233-251.
Barrick, M. R., & Mount, M. K. (1990) "Another look at the validity of personality: A dimensional perspective," Presented at the annual meetings of the Society for Industrial and Organizational Psychology. Miami Beach, FL.
Barrick, M. R., Mount, M. K., & Judge, T. A. (2001) "Personality and performance at the beginning of the new millennium: What do we know and where do we go next?" *International Journal of Selection and Assessment*, 9(1-2): 9-30.
Barrick, M. R., Stewart, G. L., & Piotrowski, M. (2002) "Personality and job

performance : Test of the mediating effects of motivation among sales representatives," *Journal of Applied Psychology*, 87(1) : 43-51.

Boddy, C. R., Ladyshewsky, R., & Galvin, P. (2010) "Leaders without ethics in global business : Corporate psychopaths," *Journal of Public Affairs*, 10(3) : 121-138.

Bouchard, T., Lykken, D., McGue, M., Segal, N., & Tellegen, A. (1990) "Sources of human psychological differences : The Minnesota study of twins reared apart," *Science*, 250(12) : 223-229.

Christie, R., & Geis, F. L. (1970) *Studies in Machiavellianism*. New York : Academic Press.

Dodgson, P. G., & Wood, J. V. (1998) "Self-esteem and the cognitive accessibility of strengths and weaknesses after failure," *Journal of Personality and Social Psychology*, 75(1) : 178-197.

Erez, A., & Judge, T. A. (2001) "Relationship of core self-evaluations to goal setting, motivation, and performance," *Journal of Applied Psychology*, 86(6) : 1270-1279.

Hare, R. D. (2003) *The Hare Psychopathy Checklist-Revised*. (2nd ed.). North Tonawanda, NY : Multi-Health Systems.

Harter, S. (1990) Causes, correlates and the functional role of global self-worth : A life-span perspective. In Kolligian, J., & Sternberg, R. (eds.), *Perceptions of competence and incompetence across the life-span*. New Haven, CT : Yale University Press: 67-98.

Holland, J. L. (1970) *Vocational Preference Inventory : Manual*. Consulting Psychologists Press.

Holland, J. L. (1985) *Vocational preference inventory*. Consulting Psychologists Press.

Jonason, P. K., Li, N. P., & Teicher, E. A. (2010) "Who is James Bond? The dark triad as an agentic social style," *Individual Differences Research*, 8(2) : 111-120.

Judge, T. A., & Bono, J. E. (2001) "Relationship of core self-evaluations traits— self-esteem, generalized self-efficacy, locus of control, and emotional stability— with job satisfaction and job performance : A meta-analysis," *Journal of Applied Psychology*, 86(1) : 80-92.

Judge, T. A., Bono, J. E., Erez, A., & Locke, E. A. (2005) "Core self-evaluations and job and life satisfaction : The role of self-concordance and goal attainment," *Journal of Applied Psychology*, 90(2) :257-268.

Judge, T. A., Heller, D., & Mount, M. K. (2002) "Five-factor model of personality and job satisfaction : A meta-analysis," *Journal of Applied Psychology*, 87(3) : 530-541.

Judge, T. A., & Ilies, R. (2002) "Relationship of personality to performance motivation : A meta-analytic review," *Journal of Applied Psychology*, 87(4) : 797-807.

Judge, T. A., Locke, E. A., Durham, C. C., & Kluger, A. N. (1998) "Dispositional effects on job and life satisfaction : The role of core evaluations," *Journal of Applied Psychology*, 83(1) : 17-34.

Locke, E. A., McClear, K., & Knight, D. (1996) "Self-esteem and work," *International Review of Industrial and Organizational Psychology*, 11 : 1-32.

Lykken, D. T., Bouchard, T. J., McGue, M. A. T. T., & Tellegen, A. (1993) "Heritability of interests: A twin study," *Journal of Applied Psychology*, 78(4) : 649-661.

Major, D. A., Turner, J. E., & Fletcher, T. D. (2006) "Linking proactive personality and the Big Five to motivation to learn and development activity," *Journal of Applied Psychology*, 91(4) : 927-935.

McCrae, R. R., & Costa Jr. P. T. (1997) "Personality trait structure as a human universal," *American Psychologist*, 52(5) : 509-516.

McShane, S., & Von Glinow, M. (2011) *M : Organizational behavior*. Irwin/McGraw-Hill.

Mount, M. K., Barrick, M. R., Scullen, S. M., & Rounds, J. (2005) "Higher-order dimensions of the big five personality traits and the big six vocational interest types," *Personnel Psychology*, 58(2) : 447-478.

Myers, I. B. (with Myers, P. B.)(1995) *Gifts Differing*. Mountain View, CA: Consulting Psychologist Press.

O'Boyle Jr. E. H., Forsyth, D. R., Banks, G. C., & McDaniel, M. A. (2012) "A meta-analysis of the dark triad and work behavior : A social exchange perspective," *Journal of Applied Psychology*, 97(3) : 557-579.

Paulhus, D. L., & Williams, K. M. (2002) "The dark triad of personality : Narcissism, Machiavellianism, and psychopathy," *Journal of Research in Personality*, 36(6) : 556-563.

Pittenger, D. J. (2005) "Cautionary comments regarding the Myers-Briggs Type Indicator," *Consulting Psychology Journal: Practice and Research*, 57(3) : 210-221.

Raskin, R. N., & Hall, C. S. (1979) "A narcissistic personality inventory," *Psychological Reports*, 45：590.

Rich, B. L., Lepine, J. A., & Crawford, E. R. (2010) "Job engagement: Antecedents and effects on job performance," *Academy of Management Journal*, 53(3)：617-635.

Rotter, J. B. (1966) "Generalized expectancies for internal versus external control of reinforcement," *Psychological monographs: General and applied*, 80(1)：1-28.

Wille, B., De Fruyt, F., & De Clercq, B. (2013) "Expanding and reconceptualizing aberrant personality at work：Validity of five-factor model aberrant personality tendencies to predict career outcomes," *Personnel Psychology*, 66(1)：173-223.

第3章　組織社会化

> 本章では，企業に入社した新規学卒者が，どのように入社した組織の価値観や規範を受容し，組織メンバーとして求められる態度や行動を学習，獲得していくのかについて，組織社会化研究の視点から検討を行っていく。具体的には，組織社会化研究の2つのアプローチである内容的アプローチと過程的アプローチを説明するとともに，各アプローチの中で代表的な研究について論じることを通じて，上記課題について明らかにしていくことを試みる。

キーワード：内容的アプローチ,過程的アプローチ,組織社会化学習内容,プロアクティブ行動,組織社会化戦術

　わが国において，高校や大学などを卒業する多くの新卒予定者は，企業という組織に参入し，社会人としての一歩を踏み出すことになる。組織は，それぞれ異なる価値観や文化，規範を有しているため，組織に新しく参入する新規学卒者は各組織で求められる価値観や文化を内在化していくことが求められる。すなわち，組織社会化（organizational socialization）の必要性である。たとえば，同じ自動車メーカーであっても，トヨタ自動車と日産自動車ではそれぞれ固有の社是や社訓があり，異なる価値観や文化をもっている。それゆえ，同じ業種といえども，トヨタ自動車に就職した新規学卒者と日産自動車に就職した新規学卒者とでは組織の中で求められる態度や行動，役割，仕事のやり方などは大きく変わってくるのである。

　この章では，新規学卒者の組織社会化が企業や個人にとってどのような意味や意義をもっているのか，また新規学卒者の組織社会化を促進する要因にはどのようなものがあるのか，について検討を行っていくこととする。

I．組織社会化とは

1．組織社会化の定義と重要性

　新規学卒者は，入社後に組織への社会化を果たし，円滑に組織適応すること

が社会人として求められるが，Schein (1978) によるキャリア発達理論において，新規学卒者の入社後の最初のキャリア発達課題として，組織社会化が指摘されている。組織社会化とは，「組織メンバーとして参加するのに必要な態度，行動そして知識を個人が獲得していく過程」(Van Maanen & Schein, 1979) や「組織への新規参入者が組織の規範・価値観・文化を修得し，期待されている役割を遂行し，職務遂行上必要な技能を獲得することによって組織に適応すること」(高橋，2002) と一般的に定義づけられる概念である。つまり，個人が職業人生をスタートさせるにあたり，その後のより良いキャリア発達をしていくうえで最初にクリアすべきキャリア課題として，組織社会化の重要性が指摘されているのである。

　それでは，企業の視点から見たときに，新規学卒者が組織社会化を果たし，円滑に組織適応することは，どのような良いことがあるのだろうか。これまでの研究を概観すると，新規学卒者における組織社会化の結果として，組織コミットメント（会社への忠誠心や帰属意識など）や職務満足，仕事へのモチベーションが高まり，転職意思（所属する会社を辞めて他の会社に転職しようという意識）や離転職率は低くなることが明らかになっている（たとえば Bauer et al., 2007；竹内・竹内，2009）。このような組織や仕事に対する積極的な態度が高まるだけでなく，近年の研究では職務成果自体も組織社会化の結果として高まることが明らかになりつつある（たとえば Lapointe et al., 2014）。このことから，企業の視点からも新規学卒者の組織社会化を促進することは，早期の戦力化が図られることにつながると同時に，早期離転職の抑制にも貢献を果たすことが考えられる。とりわけ，わが国では「7・5・3」現象と言われるように，新規学卒者における入社後3年以内の高い離転職比率が課題となっており，そのような課題に対しても組織社会化は大きな役割を果たすといえる。

2. 組織社会化の困難性

　新規学卒者にとって組織社会化を果たし，組織に円滑に適応することは重要な課題であるが，現実にはそれが困難なことも事実である。ここではデータを

図表 3-1 入社後1年間の新規学卒者の組織適応指標の変化

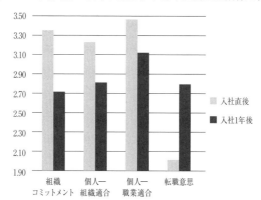

図表 3-2 入社1年目と2年目における組織適応指標の比較分析結果

入社	1年目 (N=137)		2年目 (N=137)		t 値
	平均値	(SD)	平均値	(SD)	
組織コミットメント	3.32	(.69)	2.72	(.73)	9.29***
個人―組織適合	3.21	(.68)	2.80	(.67)	5.34***
個人―職業適合	3.44	(.66)	3.10	(.68)	5.61***
転職意思	2.01	(.99)	2.78	(1.05)	-7.74***

***$p<.001$

もとにその困難さの実態を把握していくこととする。

　図表 3-1 及び図表 3-2 は，入社後1年間で新規学卒者が会社や仕事に対してどのような意識の変化が起こるのかを示したものである[1]。具体的には，企業に入社した新規学卒者の入社直後の段階で測定した組織適応指標の数値と，同一の新規学卒者が1年経過した時点で測定した組織適応指標の数値とを比較したものである。入社直後及び入社1年後で同一の質問項目によって測定された組織適応指標の比較結果を見ると，新規学卒者の会社への忠誠心や帰属意識 (組織コミットメント) は入社後1年間で低下し，新規学卒者と会社の価値観との一致度合いを示す個人―組織適合の数値も低くなることがわかる。さらに，自

分の能力・スキルと仕事上必要な能力・スキルとの一致度合いを示す個人—職業適合も低下することが明らかになっている。その一方で、現在の会社を辞めて、他の会社へ転職したいという意識（転職意思）は入社後1年間で大きく高まることが示された。

以上の結果から、わが国の新規学卒者は入社後1年間で組織や仕事に対する意識や態度を低下させ、転職意思を高めていっている実態が明らかになった。さらに、この結果は入社後1年間で離職した新規学卒者が含まれていないデータでの分析結果（1年間離職せずに継続的に働いてきた新規学卒者のみの分析結果）であることも勘案すると、企業に就職した新規学卒者の組織適応の困難さを示すものといえ、企業として新規学卒者の組織社会化の課題について真摯に取り組む必要性が示唆される。

3. 組織社会化研究の視点

既存の組織社会化研究は、欧米を中心に理論的・実証的検討が行われているが、大きく2つの視点に基づく検討がなされている。

ひとつは、内容的アプローチと言われるものであり、新規学卒者が、組織社会化過程でいかなる知識や態度、役割を学習し、獲得すべきかという組織社会化の学習内容を明らかにしようとする研究である。具体的には、「組織社会化学習内容 (learning content)」という概念の中身についての検討が行われている。

もうひとつは、過程的アプローチであり、どのようなプロセスで新規学卒者が組織社会化を果たしていくのかを明らかにしようとする研究である。とりわけ、組織社会化の結果指標である新規学卒者の組織コミットメントや職務満足、転職意思などに対して、どのような要因が効果的な影響を及ぼすのかという、規定要因の特定化が行われている。

そこで、次節以降でそれぞれのアプローチの研究内容について概観することとする。

Ⅱ．内容的アプローチの研究

先述のとおり，内容的アプローチの研究では，新規学卒者の組織社会化段階で獲得すべき知識や態度，役割を意味する組織社会化学習内容の次元性（中身）について検討が行われてきた。研究者によっていくつかのモデルが提示されているが，ここでは6次元モデルと3次元モデルについてみていくこととする。

1．6次元モデル

Chao et al. (1994) は，それまでの内容的アプローチの研究を整理したうえで，新規学卒者が組織社会化過程で獲得すべき知識や態度，役割の内容が6つに分類されると主張している。

ひとつ目は，「歴史」次元であり，新規学卒者が新しく入社した会社の沿革や各部署の成り立ち，その背景についての知識を習得することの必要性を述べている。2つ目は，「組織目標と価値観」である。この組織目標と価値観は，会社が重要視している価値観や掲げている目標などを新規学卒者が適切に理解し，さらに内面化することである。この組織目標と価値観は，会社や部署が明示化しているものだけでなく，暗黙の目標や規範なども含まれることが指摘されている。3つ目は，「人間」であり，新規学卒者が職場内の上司や同僚らと良好な人間関係を築くと同時に，会社もしくは職場の一員として認められ，受け入れられることである。4つ目は，「社内政治」である。この社内政治は，派閥関係にみられるような会社や部署内でのリアルな勢力関係や勢力構造を新規学卒者が把握，理解することである。5つ目は，「言語」であり，仕事上の専門用語を習得する，あるいは新しく入った会社や職場で固有に使われている仕事上の略称や隠語などを把握して，その意味を理解することである。6つ目は，「熟達」である。これは仕事を遂行するうえで必要となる仕事の知識やスキル，手順などを習得することである。また，この熟達には，さらに向上するためにはどのような知識やスキルを獲得することが必要であるかを理解することも含まれるものである。

2. 3次元モデル

　Haueter et al. (2003) は，上記の Chao et al. (1994) の6次元モデルが，新規学卒者が適応すべき対象（組織，職場集団，職務など）ごとに分類されておらず，混在していることを問題視している。たとえば，Chao らの「歴史」次元では，その中に組織と職場の沿革（歴史）の双方を含んでしまっており，「歴史」次元の高い新規学卒者が，組織に必要な知識を獲得しているのか，それとも職場に必要な知識や態度を有しているのかを把握できない点を問題として指摘している。そこで，新規学卒者が適応すべき対象ごとに獲得すべき知識や態度，価値観を分類する組織社会化学習内容の3次元モデルを提唱している。

　1つ目は，「組織」次元である。具体的には，会社の目標や価値観，組織全体の方針やルール，会社の沿革，その会社で使用される特有な言葉（隠語や省略語など），誰が会社全体で影響力をもっているのかなどの社内政治の理解などが，組織次元に含まれるものである。2つ目は，「職場（集団）」次元である。この次元は，所属部署固有の目標や方針に関する知識，所属する職場がどのように組織全体の目標に貢献しているのか，職場内で求められる仕事のやり方や行動規範，職場内のメンバーの専門性や成果がどのように職場に活かされているのか，職場内政治が含まれるものである。3つ目は，「職務」次元であり，一つ一つの仕事のやり方の習得度合いや，仕事で使用する器具やソフトウエアの習熟度合い，自分がどの程度の職務成果を果たすことが上司や顧客から期待されているかについての理解を含むものである。

　上記で説明してきた組織社会化学習内容の6次元モデルと3次元モデルは，その後の研究で3次元モデルに収束していったということでは必ずしもなく，研究者によってそれぞれ並行して用いられているというのが実情である。たとえば Bauer et al. (2007) では，組織社会化学習内容の次元について，Chao et al. (1994) による6次元モデルがこれまで一番広く研究において受け入れられてきたと指摘している一方で，Bauer et al. (1998) では，この6次元の中の特定次元（たとえば，組織目標と価値観）については，本来は多次元でとらえるべきものであるという問題点が指摘されている。したがって，今後組織社会化過程

において，新規学卒者が獲得すべき知識や態度，価値観といった内容について，更なる精緻な議論及び検討をすることが必要である。

Ⅲ．過程的アプローチ

1．過程的アプローチの分類

　過程的アプローチでは，どのような要因が新規学卒者の組織適応に対して効果的な影響を及ぼすのかという，規定要因の特定化が行われている。具体的には，組織適応の結果指標と考えられる，新規学卒者の入社後の組織コミットメントや職務満足を高め，転職意思を抑制する要因の探求が行われてきたといえる。これまでにさまざまな要因の検討が行われてきたが，それら要因を分類すると，図表3-3のようになる。

図表3-3　過程的アプローチにおける組織適応促進要因の整理

対象による区分	入社前（予期的社会化）	入社後（組織内社会化）
個人	就職活動要因 (job search behavior)	プロアクティブ行動 (proactive behavior)
組織	採用施策（RS・RJP） (recruitment practices)	組織社会化戦術 (organizational socialization tactics)

時期による区分

出所）筆者作成

　図表3-3の横軸が「時期」による区分で，入社前の予期的社会化段階での促進要因なのか，入社後の組織内社会化段階での促進要因なのかの分類である。縦軸は「対象（主体）」による区分になり，新規学卒者の組織適応を促進する主体が企業などの組織要因なのか，それとも新規学卒者自らが主体となる個人要因なのかの分類である。以下，この分類にもとづいて，各要因の検討を行っていく。

第3章　組織社会化

2. 予期的社会化段階における組織社会化の促進要因
(1) 予期的社会化段階の「個人」要因

　入社前の予期的社会化段階で，個人が主体となって入社後の組織適応に影響を及ぼす要因は，就職活動要因である。とりわけ，個人のキャリア発達が入社前からの連続性をもっていることを勘案すると，新規学卒者が入社前の就職活動段階で行ってきた就職活動の程度が入社後の組織適応に影響を及ぼす可能性を考えることができる (Saks & Ashforth, 2002; Takeuchi & Takeuchi, 2009)。

　たとえば，竹内 (2012) では，就職活動中に新規学卒者が行ったキャリア探索行動 (自己理解を中心とした「自己キャリア探索行動」と業界研究や企業研究を中心とした「環境キャリア探索行動」の2次元によって構成) が入社1年後の組織適応結果 (組織コミットメント・職務満足・転職意思) にどのような影響を及ぼすのかをについて実証的検討を行っている。その結果 (図表3-4)，就職活動時に新規学卒者が行った自己キャリア探索行動と環境キャリア探索行動は，入社時点及び入社1年後の個人と組織の価値観との一致度を示す個人―組織適合及び個人のスキル・能力と仕事が必要とするスキル・能力との一致度合いを示す個人―職業適合を高めることによって，間接的に入社1年後の組織コミットメントや職務満足を高め，転職意思を抑制させる効果があることを明らかにしている。

　また，竹内・高橋 (2010) では，就職活動要因の中でも新規学卒者が就職活動

図表3-4　新規学卒者の就職活動中のキャリア探索行動と入社1年後の組織適応との関係

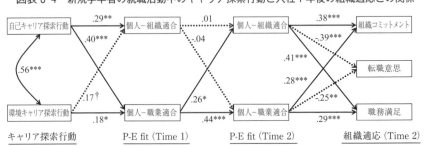

注) 数値は標準化偏回帰係数 (β) を示す。表中のTime 1は入社直後，Time2は入社1年後を示す。
　　†p < .10；*p < .05；**p < .01；***p < .001
出所) 竹内 (2012：152) を筆者が一部改変

にどの程度努力したかを示す「職務探索努力」概念に焦点を当て，職務探索努力が入社後の組織適応にいかなる影響を及ぼすのかについて検討を行っている。その結果，就職活動中にそれら活動を努力して行った新規学卒者であるほど，入社時点及び入社1年後の職業的アイデンティティが高く，その職業的アイデンティティによって入社1年後の組織コミットメントや仕事へのモチベーションが高まり，転職意思は低下することを明らかにしている。

以上の一連の既存研究から，入社前に新規学卒者が行った就職活動要因は，就職活動結果に対して有効なだけでなく，入社後の組織適応に対しても効果的な影響を及ぼしていることが示された。しかし，新規学卒者の就職活動が入社後の組織適応に直接的に影響を及ぼすのではなく，新規学卒者が入社前に自己分析や業界研究，企業研究といった就職活動を積極的に行うことによって，新規学卒者の会社との価値観との一致や職業的スキルとの一致，及び職業的アイデンティティを高めることを通して，入社後の組織への一体化意識や職務満足といった組織適応を促進させることが示唆される。

(2) 予期的社会化段階の「組織」要因

入社前に組織が主体になって新規学卒者の組織適応を促進する要因には，「採用施策」があるが，具体的にはリアリティショック（Reality Shock）と現実的職務予告（Realistic Job Previews：RJP）の2つの概念が重要である。

入社後に新規学卒者が組織への不適応を引き起こす説明理論のひとつとして，リアリティショック仮説と言われるものがある。リアリティショックとは，新規学卒者が入社前に組織に対して抱いていた期待及びイメージと新規学卒者が入社後に直面した組織の現実との間のギャップにもとづく幻滅経験や心理的ショックのことを意味する。当然ながら，入社前の期待と入社後の現実との乖離が大きいほど，新規学卒者が受ける幻滅経験も多くなると同時に心理的なショックも大きくなり，結果的に組織への不適応を引き起こすと考えられるのがリアリティショック仮説である。

このリアリティショックの種類として，大きく4つが指摘されている（竹内，

2004)。第1は,現実的会社状況ショックと言われるもので,会社の安定性及び将来性,給与・賞与といった現実的な会社状況に関する入社前の期待と現実との間の乖離にもとづくショックを表すものである。第2は,職務・職場環境ショックであり,仕事の内容ややりがいといった職務内容に関するものと,仕事を行う場である職場の人間関係や雰囲気などの職場環境に関する入社前の期待と現実との間の乖離にもとづく幻滅経験及び心理的ショックである。第3は,労働ショックと言われるものであり,労働時間や仕事と生活との両立など,働くことに関して当初の期待と現実との間のギャップにもとづく幻滅を意味するものである。最後は,組織内キャリア発達ショックで,自分の専門知識や資格と合った昇進もしくは社内でのキャリア発達に関する期待と現実との間のギャップにもとづくショックを意味するものである。

　このリアリティショックが実際に組織適応にどのような影響を及ぼすのかについて,実証的検討が行われている。たとえば,Wanous et al. (1992)では欧米で行われたいくつもの同種の調査結果から相関関係を再分析するメタ分析という手法を用いて,リアリティショックと新規参入者の組織コミットメントや職務満足などの組織適応指標との関係を分析している。その結果,入社前の期待とその後の現実との一致度が高いほど(リアリティショックが小さいほど),職務満足と組織コミットメントが高まり,組織への残留意思も高くなることが明らかにされた。また,竹内 (2004) では,わが国の新規学卒者を対象にした縦断的調査から,新規学卒者のリアリティショックが入社後1年間での組織コミットメントや仕事に対するモチベーションの低下を促進し,転職意思の高まりと有意な関係があることを示している。

　このようなリアリティショックが及ぼす新規学卒者の組織適応へのネガティブな影響を踏まえ,実際の企業の採用活動に援用されたものが現実的職務予告という募集方法である。リアリティショックが引き起こされるひとつの原因として,新規学卒者が入社前に当該企業及びその企業での仕事に対してきわめて良いイメージや過剰な期待を形成してしまうことがあげられる。そこで,新規学卒者の入社前の過剰な期待を抑制し,より現実的なイメージを形成するため

に，募集段階において新卒予定者に対して良い面も悪い面も含めたより現実に即した仕事や会社の情報を企業が提供し，募集活動を行うというのが現実的職務予告という考え方である。現実的職務予告には，上記の過剰期待を抑制し，リアリティショックを低減するというワクチン効果以外に，良い面と悪い面を含めた実態に近い仕事や企業情報を理解したうえで，応募者が自身の適合性を判断して当該企業への採用エントリーを選択するというスクリーニング効果，より現実的な情報が企業から提供されることによる応募者の組織に対する信頼感の高まりや，応募者の自発的な意思決定による組織への高い一体化意識というコミットメント効果があることが指摘されている（たとえば守島，2004）。しかしながら，企業は採用活動において多数の優秀な人材からの応募を得ようと，一般的に企業や仕事の良い面ばかりを強調した募集活動を展開しがちで，入社する新規学卒者に過剰期待や現実とは異なるきわめて良いイメージを形成させてしまう恐れがある。採用の目的が入社後に企業で活躍する人材を獲得することであることを適切に理解し，入社後の組織適応に配慮した採用施策のあり方を検討すべきであろう。

3. 組織内社会化段階における組織社会化の促進要因
(1) 組織内社会化段階における「個人」要因

　入社後の組織内社会化段階において個人が主体となって，組織適応を促進する要因は，新規学卒者のプロアクティブ行動である。このプロアクティブ行動は，新規学卒者が主体的かつ自発的に組織適応に向けて必要な行動をとることである。不確実性低減理論 (uncertainty reduction theory) によると (Lester, 1987)，組織社会化段階にある新規学卒者は，企業からどのような役割や行動が求められているのかが明確ではなく，強い不安感や不確実な状況に直面している。この不確かな状況の解消を試みるひとつの手段として，新規学卒者自らが主体的に組織適応に必要な情報を得ようと行動することを試みるのである。

　したがって，初期の研究では主として新規学卒者の情報探索行動 (information seeking) に焦点を当てた検討がプロアクティブ行動研究においてなされてきた

が，その後の研究において3下位概念6次元からなるプロアクティブ行動が一般的になりつつある (Kim et al., 2005；Klein & Heuser, 2008；Wanberg & Kammeyer-Mueller, 2000)。新規学卒者の組織社会化の達成に向けたプロアクティブ行動のひとつ目の下位概念が，意味づけ行動 (sensemaking) である。意味づけ行動には，情報探索行動とフィードバック探索行動 (feedback seeking) という2つの行動が具体的に含まれる。情報探索行動は，新規学卒者が組織や仕事の情報を探し，獲得しようと試みる行動であり，フィードバック探索行動は，上司から自らの仕事の進め方や成果についての評価を聞くことによって，どのような役割や行動が求められているのかを把握しようとする行動である。双方の行動とも新規学卒者が新たな環境下の不確かな状況について情報取得を通じて改善するための行動であると同時に，新たな組織や仕事の環境に意味を付与しようとする行動である。2つ目は，関係構築行動 (relationship building) である。この関係構築行動には，新規学卒者が上司との良好な関係構築を意図する行動である上司関係構築行動 (relationship building with boss)，職場の先輩を含む同僚との関係構築を目的とした一般的社会化行動 (general socializing)，自部署以外の他部署の方々との人間関係の構築を意図するネットワーキング行動 (networking) の3つが含まれる。入社後の積極的な人間関係構築行動は，新規学卒者にとって新たな組織の中での社会的孤立を避け，社内の上司や同僚からのサポートを受けるうえで重要な行動である。3つ目は，肯定的思考枠組み (positive framing) と言われるものであり，一次元で構成されている。肯定的思考枠組みとは，新規学卒者が入社後に期待や希望と異なることが起こった時に，それを否定的かつ悲観的にとらえるのではなく，ポジティブなものとしてとらえようと思考枠組みを意図的に変えようと試みることである。入社初期の組織社会化段階において，新規学卒者は多かれ少なかれ当初期待したものとは異なる現実や環境に直面するのが実情であろう。その時に，その状況をすべて否定的に受け止めたのでは，それらに対処することが困難で，予期せぬ出来事を前向きにとらえる思考も重要なことといえる。

　上記の入社後の新規学卒者の組織社会化に向けたプロアクティブ行動は，組

織適応結果に対して概ねポジティブな影響を及ぼすことが実証的にも明らかになっている (Bauer et al., 2007 ; Saks et al., 2011 ; Wanberg & Kammeyer-Mueller, 2000)。したがって，新規学卒者は入社後受け身ではなく，主体的に情報を獲得したり，社内での人間関係の構築を行っていったりすることが求められる。

(2) 組織内社会化段階における「組織」要因

　入社後に組織が主体となって新規学卒者の組織適応を促進する要因には，組織社会化戦術がある。先述のとおり，新規学卒者は入社後に新たな環境下でどのような役割や行動を求められているのかが不透明な状況に直面するが，企業側から教育訓練などを通じてそういった不透明な状況を解消するために情報の提供を行う一連の取り組みや企業施策が組織社会化戦術と言われるものである。
　この組織社会化戦術は，企業が新規学卒者にどのように情報提供をするのかという分類にもとづいて，対となる6つの次元が仮定されている (Van Maanen & Schein, 1979)。1つ目の次元は，集団的—個別的 (collective vs individual) 次元であり，集団的な社会化戦術下では，新規学卒者は集団になって共通の教育訓練や経験を通じて社会化が行われるのに対して，個別的な社会化戦術下では新規学卒者は一人ひとり分かれて異なる教育訓練や経験を積むことによって社会化が行われる。2つ目の次元は，公式—非公式 (formal vs informal) 次元である。公式的な社会化戦術は，日常の仕事から離れて新規学卒者向けの公式な教育訓練を受けるのに対して，非公式な戦術は日常業務と変わらない環境で非公式な教育訓練を受けることである。3つ目の次元は，順次的—場当たり的 (sequential vs random) 次元である。順次的な戦術下では，新規学卒者がキャリアを進展させたり，昇進をしていったりするのに，どういった段階を踏んでいくことが必要なのかが明確になっているのに対して，場当たり的な戦術下では，それが非常にあいまいで不透明である。4つ目の次元は，固定的—可変的 (fixed vs variable) 次元であり，固定的戦術は新規学卒者に今後の教育訓練及び役割変容についての見通しが提供されるのに対して，可変的戦術はそういった情報が新規学卒者に提供されていない状況を示すものである。5つ目は，連続的—分離的

図表 3-5　組織社会化戦術の次元別の分類

	制度的 (institutionalized)	個別的 (individualized)
文脈的 (context)	集団的 (collective) 公式的 (formal)	個別的 (individual) 非公式的 (informal)
内容的 (content)	順次的 (sequential) 固定的 (fixed)	場当たり的 (random) 可変的 (variable)
社会的 (social)	連続的 (serial) 付与的 (investiture)	分離的 (disjunctive) 剥奪的 (divestiture)

出所) Jones (1986：263) を著者が一部改変

(serial vs disjunctive) 次元である。連続的戦術下では新規学卒者は，役割モデルとなるような職場の人たちからのサポートを得ながら社会化が行われるのに対して，分離的戦術下では新規学卒者は役割モデルになるような社内の人がおらず，十分なサポートが得られない中で社会化していくことを意味する。最後の次元は，付与的—剥奪的 (investiture vs divestiture) 次元である。この付与的戦術は，新規学卒者が職場の上司や同僚から自身の性格や人間性を肯定，尊重されたうえで助言を受ける一方で，剥奪的戦術ではそれらを否定するような形で助言やフィードバックがなされることを意味する。

組織社会化戦術の次元性については，上記の 6 次元として操作化して把握しようという考え方のほか，「文脈的 (集団的と公式的)」，「内容的 (順次的と固定的)」，「社会的 (連続的と付与的)」の 3 次元 (Cable & Parsons, 2001；Lapointe et al., 2014)，あるいは「制度的—個別的」の 1 次元 (Kim et al., 2005；竹内・竹内, 2011) など，多様な次元設定が既存研究で報告されている (それぞれの次元の関係性は図表 3-5 を参照)。しかし，いずれの次元分類であっても，対となる左側に位置する戦術

下(6次元であれば集団的,公式,順次的,固定的,連続的,付与的な戦術下,1次元であれば制度的な戦術下,3次元であれば文脈的,内容的,社会的戦術の得点度合いが高い)の企業で働く新規学卒者の方が,総じて組織社会化が促進され,組織適応結果指標に対して効果的な影響を及ぼすことが明らかになっている(Saks et al., 2007)。その中でも,Saks et al. (2007)では,連続的戦術(3次元モデルであれば,社会的戦術)の効果が他次元の戦術よりも相対的に大きいことを明らかにしている。したがって,メンタリング制度の導入及び徹底などを通じて,企業として入社後の新規学卒者に対する職場でのサポートや役割モデルとなりうるようなメンターを設定することは組織社会化を促進するうえで重要なことといえる。

注
1) 調査は,筆者によって 2006 年 4 月入社の新規学卒就職者に対して 2006 年 4 月に 1 回目調査を実施し,その 1 年後の 2007 年 4 月に 2 回目調査を実施するという,縦断的調査を実施した。双方の調査に回答し,離職経験のない 137 名の回答を分析した。

さらに学習すべき事項
・新規学卒者の組織適応に向けて行われている日本企業の実際の取り組みや事例を調べ,それがどうして有効と考えられるのかについて,組織社会化研究の視点から検討してみよう。
・組織社会化研究の成果を踏まえ,入社後のリアリティショックを回避し,円滑な組織適応をするうえで,就職活動において自身が事前に取り組むと良いと考えられることについて検討してみよう。

読んでもらいたい文献
Wanberg, C.R. (ed.) (2012) *The oxford handbook of organizational socialization.* New York : Oxford University Press.

引用・参考文献
Bauer, T.N., Bodner, T., Erdogan, B., Truxillo, D.M., & Tucker, J.S. (2007) "Newcomer adjustment during organizational socialization: a meta-analytic review of antecedents, outcomes, and methods," *Journal of Applied Psychology*, 92 : 707-721.

Bauer, T.N., Morrison, E.W., & Callister, R.R. (1998) "Organizational socialization : A review and directions for future research," *Research in Personnel and Human Resources Management*, 16 : 149-214.

Cable, D.M., & Parsons, C.K. (2001) "Socialization tactics and person-organization fit," *Personnel Psychology*, 54 : 1-23.

Chao, G.T., O'Leary-Kelly, A.M., Wolf, S., Klein, H.J., & Gardner, P.D. (1994) "Organizational socialization : its content and consequences," *Journal of Applied Psychology*, 79 : 730-743.

Haueter, J.A., Macan, T.H., & Winter, J. (2003) "Measurement of newcomer socialization : Construct validation of a multidimensional scale," *Journal of Vocational Behavior*, 63 : 20-39.

Jones, G.R. (1986) "Socialization tactics, self-efficacy, and newcomers' adjustments to organizations," *Academy of Management Journal*, 29: 262-279.

Kim, T., Cable, D.M., & Kim, S. (2005) "Socialization tactics, employee proactivity, and person-organization fit," *Journal of Applied Psychology*, 90 : 232-241.

Klein, H.J., & Heuser, A.E. (2008) "The learning of socialization content : A framework for researching orientating practices," *Research in Personnel and Human Resource Management*, 27 : 279-336.

Lapointe, E., Vandenberghe, C., & Boudrias, J. (2014) "Organizational socialization tactics and newcomer adjustment : The mediating role of role clarity and affect-based trust relationships," *Journal of Occupational and Organizational Psychology*, 87 : 599-624.

Lester, R.E. (1987) Organizational culture, uncertainty reduction, and the socialization of new organizational members. In S. Thomas (ed.), *Culture and communication : Methodology, behavior, artifacts, and institutions*. Norwood, NJ : Ablex, 105-113.

守島基博 (2004)『人材マネジメント入門』日本経済新聞社

Saks, A.M., & Ashforth, B.E. (2002) "Is job search related to employment quality? It all depends on fit," *Journal of Applied Psychology*, 87 : 646-654.

Saks, A.M., Gruman, J.A., & Cooper-Thomas, H. (2011) "The neglected role of proactive behavior and outcomes in newcomer socialization," *Journal of Vocational Behavior*, 79 : 36-46.

Saks, A.M., Uggerslev, K.L., & Fassina, N.E. (2007) "Socialization tactics and newcomer adjustment : A meta-analytic review and test of a model," *Journal of Vocational Behavior*, 70 : 413-446.

Schein, E.H. (1978) *Career Dynamics : Matching individual and organizational needs*. Reading, MA : Addison-Wesley.（二村敏子・三善勝代訳『キャリア・ダイナミクス』白桃書房，1991年）

高橋弘司 (2002)「組織社会化」宗方比佐子・渡辺直登編著『キャリア発達の心理学―仕事・組織・生涯発達―』川島書店：31-54

Takeuchi, N., & Takeuchi, T. (2009) "A longitudinal investigation on the factors affecting newcomers' adjustment : Evidence from Japanese Organizations," *International Journal of Human Resource Management*, 20 : 928-952.

竹内倫和 (2004)「新規学卒就職者の組織適応と態度変容」岩内亮一・梶原豊編『現代の人的資源管理』学文社，167-183

竹内倫和 (2012)「新規学卒者の組織適応プロセス―職務探索行動研究と組織社会化研究の統合の視点から―」『経済論集』49：143-160

竹内倫和・竹内規彦 (2009)「新規参入者の組織社会化メカニズムに関する実証的検討―入社前・入社後の組織適応要因―」『日本経営学会誌』23：37-49

竹内倫和・竹内規彦 (2011)「新規参入者の組織社会化過程における上司・同僚との社会的交換関係の役割―縦断的な調査データによる分析―」『組織科学』44：132-145

竹内倫和・高橋正泰 (2010)「新卒採用者の入社前の職務探索行動と組織社会化に関する縦断的研究：職業的アイデンティティの役割」『Informatics』3：47-58

Van Maanen, J., & Schein, E.H. (1979) Toward a theory of organizational socialization. In B. M. Staw (ed.), *Research in organizational behavior*. Vol.1, Greenwich. CT : JAI Press : 209-264.

Wanberg, C.R., & Kammeyer-Mueller, J.D. (2000) "Predictors and outcomes of proactivity in the socialization process," *Journal of Applied Psychology*, 85 : 373-385.

Wanous, J.P., Poland, T.D., Premack, S.L., & Davis, K.S. (1992) "The effects of met expectations on newcomer attitudes and behaviors : A review and meta-analysis," *Journal of Applied Pscycholoby*, 77 : 288-297.

第4章　モチベーション

従業員一人ひとりの仕事に対するやる気を高め，生産性の向上を図ることは，企業組織が掲げる目標を効果的に達成するために非常に重要な課題である。この人々の「やる気」や「動機づけの要因」は，学術的に「モチベーション」と呼ばれており，モチベーションの理論は主に「内容理論」と「過程理論（プロセス理論）」に分類される。そこで本章では，まずモチベーションの内容理論について代表的な理論を紹介し，ついで過程理論に関する代表的理論を学習する。

  キーワード：内容理論，過程理論，欲求，認知

Ⅰ．モチベーションとは

モチベーションは「目標（goal）を達成することに向けられた，努力に対する個人の意志の強さ（intensity），組織に利益をもたらすことへ向かう方向性（direction），努力の持続性（persistence）を説明するプロセス」（Robbins & Judge, 2018：100-101）と定義される。モチベーションに関する学術的な研究では，「(1) 何が人間の行動を活性化するのか，(2) 何が行動に影響を与えたり方向付けたりするのか，そして (3) どのように行動が調整されたり継続されるのか」（Steers & Porter, 1979：6）ということが中心に議論されてきた。

実際の企業で働く従業員を想像してみよう。毎日会社へ行くことが辛く遅刻をし，予定通り仕事を終わらせることができずに残業も多い従業員が半数を超える，従業員の離職者が多い組織と，仕事に対する明確な目的があり，意欲的で生産的な従業員を多く有する組織では，企業組織としてどちらの方が魅力的な組織で生産性が高いのだろうか。おそらく後者の企業のほうがパフォーマンスが高く，利益や組織目標の達成に直結しやすいだろう。したがって，企業組織は従業員の仕事に対するやる気を高めたり，維持したりすることに取り組むことによって，より高い企業の目標を達成できるのである。それゆえ，従業員のモチベーションに関する理論を知り，それをマネジメントに役立てることは

非常に重要なことといえる。

　組織論や経営管理論といった学術分野におけるモチベーション理論は，リーダーシップ理論と共に人間関係論から行動科学的な分析アプローチを用いて展開された理論である。また心理学や社会学などの学術分野でも広く研究されており，経営学にも大きな影響をもたらした。

　モチベーションに関する理論は大きく2つに分類される。まずひとつ目は，人間の行動の源となる欲求にはどのようなものがあるのかを説明する理論である。これをモチベーションの内容理論と呼ぶ。このモチベーションの内容理論のうち，仕事に関するモチベーション，すなわちワークモチベーションに注目した研究は，アメリカにおいて職務不満が顕在化したことをきっかけとして1950年代から盛んに議論されるようになった。関連する理論は現在でも多くの企業で従業員のワークモチベーションを高めるために研修等で広く用いられている。2つ目は，人々の認知に着目し，人はどのような時にやる気を感じるのか，その過程を説明する理論である。これをモチベーションの過程(プロセス)理論と呼ぶ。本章の以下の部分では，この分類と共に代表的な理論の説明を行う。

II．モチベーションの内容理論

　モチベーションの内容理論(contents theory)とは，人々の行動は「何によって動機づけられるのか」という，理由となる欲求(need)[1])に注目し，その内容を列挙することに注力する特徴がある。それは，人々は何かしらの欲求をもっており，そして本能的にその欲求を満たそうと行動するものであると考えられているからである。たとえば，「生きる」という欲求を満たすために，水を補給し，空腹を感じたら食事をし，眠くなれば睡眠をとる。また，もし理想とする自分がいたり，自分が掲げる「目標」があるならば，それを実現したり達成したりするために努力をする。企業組織で働く従業員に対しても同じことがいえる。従業員のもつ欲求を理解することによって，職務に対する動機を引き出

すことに役立てることができ，それを管理することによって，より高い業績を目指し，企業組織が掲げる目標を達成する可能性がある。したがって人々のもつ欲求を知り，そして理解することは，人々の行動の根底にある理由を明らかにするために有効な手段のひとつであるといえるのである。これが今日でも多くの企業がモチベーションの理論を研修の場などで取り入れている理由である。

1950年代以降，多くの研究者によってたくさんのモチベーションに関する研究が行われてきたが，この節ではモチベーションの内容理論を説明するために，Murray（Murray, H. A.）の欲求リスト，Maslow（Maslow, A. H.）の欲求階層説，Alderfar（Alderfar, C. P.）のERG理論，McGregor（McGregor, D.）のX理論・Y理論，Herzberg（Herzberg, F.）の二要因理論の5つの理論を紹介する。

1. Murrayの欲求のリスト

人間がどのような社会的行動を動機づける欲求（need）をもっているのかということを体系づけた研究者のひとりに，精神科医および臨床心理学者のMurrayがいる。Murrayは，現在でも心理検査やパーソナリティ・テストに用いられている，主題統覚検査（Thematic Apperception Test：TAT）の開発者としてよく知られている。

Murrayは欲求（need）を「現存する不満な状況を変えるように，知覚，統覚，知的作用意欲，行為などを，ある特定の方向に体制化する力」（Murray, 1938：123-124, 訳：112）と定義し，人々が何らかの圧力（press）の表象を読み取ったり，あるいは感じたりした時に表れる反応であると説明している。またMurrayは，この時に表れる反応は，感情や情緒を伴うことや，持続的なものや瞬間的な欲求もあるなど，その強弱があることにも言及している。この人間が顕在的にもつ欲求についてMurrayはリスト化し，人々がどのような欲求によって社会的行動を行うのかということを明らかにした（図表4-1）。

Murrayによって示された欲求のリストは人々がどのような社会的欲求をもつのかということを包括的に理解するために役立つものだった。しかし，Murrayが臨床心理学者であったことから，これらの欲求がそれぞれにどのよ

図表 4-1　Murray の欲求リスト

1. 謙虚欲求	11. 障害回避欲求	21. 求護欲求
2. 達成欲求	12. 屈辱回避欲求	22. 優越欲求
3. 親和欲求	13. 不可侵欲求	23. 理解欲求
4. 攻撃欲求	14. 養護欲求	24. 獲得欲求
5. 自律欲求	15. 秩序欲求	25. 非難回避欲求
6. 反作用欲求	16. 遊戯欲求	26. 認識欲求
7. 恭順欲求	17. 排斥欲求	27. 構成欲求
8. 防衛欲求	18. 隠遁欲求	28. 説明欲求
9. 支配欲求	19. 感性欲求	29. 承認欲求
10. 顕示欲求	20. 性欲求	30. 保持欲求

出所）坂下（1985：12）

うな関係性があるのかということや具体的な組織行動への影響について調べられ，検討されることはなかった。そこで，それぞれの欲求の間の関係性を説明しようとしたのが，次に説明する Maslow や Alderfar の提唱した理論なのである。

2. Maslow の欲求階層説

　人間のもつ欲求の相互的な関係性を説明しようとした代表的な研究者のひとりにアメリカの心理学者の Maslow（1943, 1954）がいる。Maslow は，人間のもつ欲求を 5 つに大別し，それを階層化して表すことによって欲求の間の関係性を説明しようとした。これを欲求階層説（need hierarchy theory）もしくは欲求段階説と呼ばれている。

　図表 4-2 で表されるように，Maslow の欲求階層には，① 生理的欲求（physiological needs），② 安全欲求（safety needs），③ 社会的欲求（belongingness needs），④ 承認欲求（esteem needs），⑤ 自己実現欲求（self-actualization needs）の 5 つがある。

　それぞれの階層を詳しくみていく。まずひとつ目の生理的欲求は，5 つの欲

図表 4-2　Maslow の欲求階層説

成長欲求 (being-needs)
- 自己実現欲求 (self-actualization needs)

欠乏欲求 (deficiency-needs)
- 承認欲求 (esteem needs)
- 社会的欲求 (belongingness needs)
- 安全欲求 (safety needs)
- 生理的欲求 (physiological needs)

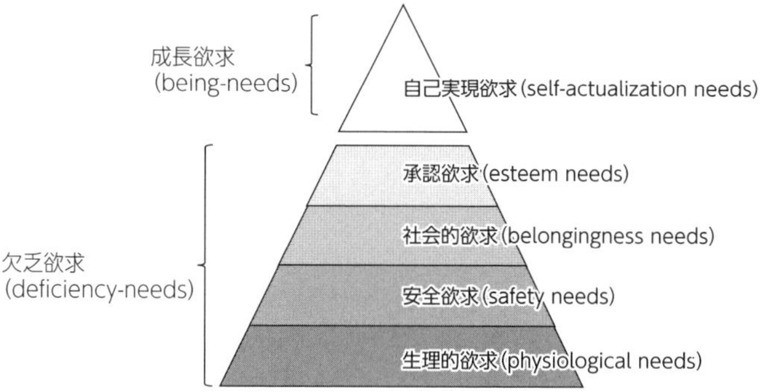

出所）Maslow（1954）をもとに筆者作成

求階層の中で最も低次の欲求に位置付けられている。そしてすべての欲求の中で最も優先性のある欲求と考えられている。これは，「食べる」「眠る」というような，人間が生存していくために必要不可欠な行動に対する欲求であると位置づけられている。2つ目の安全欲求は，災害や病気のような脅威となる事象から身を守り，安全に暮らすことを望む欲求である。3つ目の社会的欲求とは，集団に所属しその立場を確かにしたいと望むことや，友情や愛情を求める欲求である。4つ目の承認欲求とは，周囲の人々からの尊敬を集めて高く評価されたい，尊敬されたいと望む欲求である。たとえば，企業組織の中で昇進や昇格したいと望むことがこの階層の欲求に当てはまると考えられる。最後の自己実現欲求は，Maslow の欲求階層説において最も高次の欲求に位置付けられている。自己実現欲求は，「こういう自分になりたい」という理想の自分の姿や，それに向かって成長したり発展したりする機会を求め，自分自身がもつ潜在的可能性を実現したいと望む欲求である。

　これらの階層について Maslow は，人間は下位の欲求が満たされると，次により高次な欲求が出現していくと述べている。たとえば，最も低次の生理的欲求が満たされると，次に安全欲求が活性化し，安全欲求が満たされると，次に社会的欲求が活性化するというように，順を追ってより高次な欲求へ移ってい

くのである。つまり，欲求の充足と活性化は常に一方向的で，生理的欲求や安全欲求といった下位の欲求を満たすことができなければ，自己実現は達成されることはない。

1つ目の生理的欲求から4つ目の承認欲求までの4つの欲求は欠乏欲求 (deficiency-needs) と呼ばれ，自己実現欲求とは区別される。欠乏欲求とは，欲求が満たされない場合に欲求が顕著になり，反対に欲求が満たされてしまうと行動の動機づけ要因とはならなくなる欲求のことである。一方で5つ目の自己実現欲求は成長欲求 (being-needs) とも呼ばれる。成長欲求は欠乏欲求とは異なり，満たされることなく絶えず存在し，人々が目標や自己実現のために行動するための欲求として区別されている。

このMaslowの欲求階層説は研修等で広く取り入れられている理論ではあるものの，いくつかの批判がある。1つ目に，成熟した社会においては生理的欲求や安全欲求が動機づけの要因でないことが考えられる点である。たとえば現在の日本では以前と比較すると飢餓で死亡する人が減り，医学の進歩と共に平均寿命も年々長くなっている。日本のように食べ物に困ることがなく，清潔で安全な暮らしができている社会ではこれらが動機づけの要因となることは通常ない。2つ目の批判として，欲求階層間の移動と階層そのものへの疑問があげられている。たとえば，会社での昇進（承認欲求の充足）が望めそうにないので，趣味のコミュニティへの関与が強まる（社会的欲求の充足）といったように，ある欲求が充足されていない状況が生じた際に，再び下位の欲求へ戻っていく可能性や，異なる欲求階層の欲求が同時的に発生することを考慮されていない点である。さらに，5つの欲求の階層の順番の正当性に関しても明らかにされるべき点として考えられている。

これらのMaslowの理論に対する批判に応えようとしたのが，次に説明するAlderfarのERG理論である。またMaslowの欲求階層説はAlderfar以外にもMcGregorなどのモチベーションに関する理論の発展の礎となっているが，科学的に実証されていないことからあくまでも「説」であることも付け加えておく。

3. AlderfarのERG理論

 前節で説明した欲求階層説では，Maslowは5つの欲求を階層化することによって人間の欲求を説明しようとした。一方でAlderfar（1972）は，Maslowの5つの欲求の階層を① 生存欲求（existence needs），② 関係欲求（relatedness needs），③ 成長欲求（growth needs）の3階層に整理してまとめた。再定義された3つの欲求階層を，それぞれの欲求の頭文字を順に並べてERG理論と呼ぶ。

 1つ目の生存欲求（Existence needs）は，人間としての生存を維持することを求める欲求である。特にMaslowの欲求階層説で説明されるところの生理的欲求と安全欲求の2つが含まれる。2つ目の関係欲求（relatedness needs）は，取り囲む社会的環境との関係性の構築や，人間同士の関係を良好に保つことに対する欲求である。Maslowの欲求階層説の社会的欲求と承認欲求の一部が含まれる。3つ目の成長欲求（growth needs）はERG理論の中で最も高次の欲求であるととらえられている。この欲求には，Maslowの欲求階層説の承認欲求の一部や，自己実現欲求が含まれている。

 AlderfarのERG理論には，Maslowの欲求階層説と類似する点と，2つの異なる点がある。まず類似する点は，基本的に欲求は充足されることによって

図表4-3　ERG理論

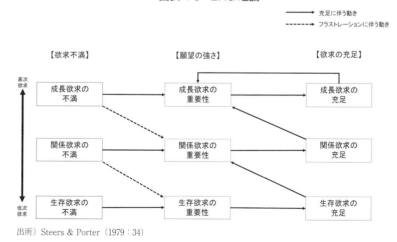

出所）Steers & Porter（1979：34）

低次の生存欲求から関係欲求を経て成長欲求へと移行していくものであるととらえられている点である。対して1つ目の異なる点は，図表4-3のように，充足とフラストレーションを感じることにより連続的に欲求が進行していくことを説明した点である。Maslow は低次の欲求が充足されることによって，より高次の欲求へ発展していくと説明したが，Alderfar はそれだけではなく，欲求が満たされない欲求不満の状態によって高次の欲求から低次の欲求へ後退し，低次の欲求が再び現れる場合もあることを示した点である。2つ目は，2つ以上の欲求が同時点で存在している可能性を仮定している点である。たとえば，安全欲求が満たされていない災害時において，被災者が復旧に向けてボランティア活動する事例は，安全欲求と自己実現欲求の2つの欲求が同時点で存在していることが考えられる。以上のことが，Maslow の欲求階層説から Alderfar の ERG 理論への理論的な変遷としてみられる点である。

4. McGregor の X 理論・Y 理論

　McGregor は Maslow の欲求階層説に理論的影響を受けたものの，Maslow のように欲求に関する議論はせずに経営者が従業員を管理する際の2つの両極的な人間観を提示した。その人間観を X 理論・Y 理論と名づけ，人間に対して性悪説的な見方を X 理論，もう一方の性善説的な見方を Y 理論とした。以下に，X 理論と Y 理論の人間観を，McGregor（1960）を参考に示している。

(1) X 理論の人間観
① 普通の人間は生来仕事が嫌いで，できれば仕事をしたくないと思っている。
② この仕事は嫌いだという人間の特性があるために，たいていの人間は，強制されたり，統制されたり，命令されたり，処罰するぞと脅されたりしなければ，企業目標を達成するために十分な力を出さないものである。
③ 普通の人間は命令されるほうが好きで，責任を回避したがり，あまり野心をもたず，なによりもまず安全を望んでいるものである。

(2) Y理論の人間観
① 仕事で心身を使うのはごくあたりまえのことであり，遊びや休憩の場合と変わりはない。
② 外から統制したり脅かしたりすることだけが企業目標達成に努力させる手段ではない。人は自分が進んで身を委ねた目標のためには自ら自分にムチ打って働くものである。
③ 献身的に目標達成につくすかどうかは，それを達成して得る報酬次第である。
④ 普通の人間は，条件次第では責任を引き受けるばかりか，自らすすんで責任をとろうとする。
⑤ 企業内の問題を解決しようと比較的高度の想像力を駆使し，技能を発揮し，創意工夫をこらす能力は，たいていの人に備わっているものであり，一部の人だけのものではない。
⑥ 現代の企業においては，日常，従業員の知的能力はほんの一部しか生かされていない。

　X理論は「アメとムチ」で従業員のやる気を起こさせるというような伝統的な経営管理の原則にのっとった人間観であった。しかし一方で，現代のような従業員の生活水準がある程度向上し，法律などで雇用がある程度保護されている社会において，報酬や雇用を脅かすという手法によって統制することでは，動機づけの効果をあまり期待することができない。そこでマグレガーはY理論のような人間観による管理原則の必要性を示したのだった。
　X理論とY理論の異なる点は，Y理論では人間は成長する可能性があるものとしてとらえられ，統制するためには臨機応変にその場に合った方法を採用する必要性があることを示した点にある。X理論では権限を行使し，命令と統制によって管理しようとするが，Y理論ではより高次な欲求を刺激し，新しい前提に基づいた管理によって個人を動機づけることが必要だと考えられている。そこで，Y理論を実践して従業員の自主性を引き出す具体的な方法として目標による管理（Management by Objectives：MBO）が提唱されたのである。

5. Herzberg の二要因理論

これまでに説明した Murray や Maslow, Alderfar は人々がもつ欲求を明らかにし,それらを列挙することや分類することによって人間の行動の動機となる要因を探るもの,あるいは説明するものだった。また,McGregor は従業員を管理するための基礎となる人間観とモチベーションの関係性を明らかにした。ここで説明する Herzberg (1966) は,実際に企業組織の中で働く従業員に着目し,彼ら・彼女らがどのような要因によって動機づけられるのかということを具体的に明らかにしようとした。そして,アメリカで働く約 200 人の技師と会計士を対象に面接を行った結果をもとに,二要因理論 (Two-factor-theory) を提唱した。

これは動機づけ要因と衛生要因の 2 つの要因によって成り立つ理論であることから二要因理論と呼ばれているが,動機づけ—衛生理論 (Motivation-hygiene theory) とも呼ばれている。

二要因理論を提唱するにあたり,臨界事象法と呼ばれる面接を行い,きわめて良い気分および悪い気分になった時の経験を尋ねることにした。この質問を

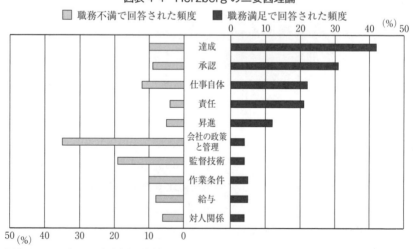

図表 4-4 Herzberg の二要因理論

出所) Herzberg (1968：57) を参考に筆者作成

通して職務満足を導く要因と，職務不満を導く要因がそれぞれまったく異なる要因であることが明らかになった。図表4-4はHerzbergによる研究結果を図示したものである。

　まず職務満足に関する要因に着目すると，従業員自身が職務上行っているものと関連性が高い特徴がある。たとえば，従業員にとって魅力的な仕事や責任ある仕事が任された時，昇進等の顕著な結果として成果が表れた時などに従業員の職務に対する満足度は高まる。つまりこれらの要因を充足させることによって従業員のモチベーションを高め，より高いパフォーマンスを引き出す可能性がある。この満足要因によって従業員が成長し，優れた職務の遂行へと導かれていくと考えられることから，これらの満足要因を職務遂行に対する動機づけ要因 (motivation factor) と名づけられた。

　一方で職務不満を導く要因は，給与や身分といった個人の生活への影響や，作業条件のように仕事を行う上での職場環境に対する衛生的なものであり，これらが職務満足を与える要因として従業員にもたらす影響は極めて低い。したがってこれらの不満要因は職務不満を生じさせるが，それをいくら改善しても職務満足を導いたり，職務に対するやる気を起こさせたりする効果はほとんどない。そこで仕事に対する衛生環境の要因という点から，不満要因は衛生要因 (Hygiene factor) と名づけられた。

　たとえば，「満足の反対の言葉は何か？」という質問に対して，どのように答えるだろうか。一般的には満足の反対は「不満」な状況であると考えられる。しかし，Herzbergは満足と不満が表裏にあるものではないと論じ，職務満足の反対は職務不満ではなく「職務満足のない (没満足)」状態，一方で職務不満の反対は「職務不満のない (没不満足)」状態であるととらえた。つまり，職務満足の要因を減らしても不満につながることはなく，また職務不満の要因をなくしても満足にはつながらないと考えることができるのである。したがって満足要因が職務不満に対して貢献することはない。この点にHerzbergの二要因理論の特徴がみられる。

　Herzbergの二要因理論からいえることは，従業員を動機づけるためには，

衛生要因を一定水準満たしたうえで，動機づけ要因を充足し，さらにそれを刺激する必要性があるということである。そして，そのための具体的な方法として，職務充実 (job enrichment) が提案されている。職務充実とは，個人に仕事に関する計画や統制に関わらせ，権限や裁量を与えることを指すものであり，Herzbergによる研究以降，いかに上記の要素を職務の中に取り込んでいくかという，職務充実を意図した職務設計の重要性が広く指摘されるようになった。なお，職務充実に類似する概念に職務拡大 (job enlargement) があるので，両者を区別してとらえる必要がある。職務拡大は，分断化されたタスクを結びつけるなどして，個人の職務における作業の範囲を広げることを指す。つまり，職務拡大がこれまで別々の従業員が行っていた作業を一人の人間が担うことで単調な労働を回避するといういわゆる「水平的」な職務拡大なのに対して，職務充実は従業員がもつ権限や裁量を増やすという組織階層上の権限拡大のため，「垂直的」な職務拡大とも呼ばれている (上野山, 2011)。

Ⅲ．モチベーションの過程理論

　モチベーションの過程理論 (process theory) とは，個人が動機づけられる過程 (プロセス) に注目する理論である。先のモチベーションの内容理論では個人を動機づける要因 (または欲求) に注目していた。しかし，こうした要因の特定のみでわれわれのモチベーションを説明することは可能なのだろうか。確かにモチベーションの源泉となる要因を指摘することによってモチベーションの全体的あるいは一般的傾向を理解することは可能である。だが，われわれはある要因が生じたからといって常に同じ行動を取るとは限らない。よって，モチベーションの内容理論だけでは個人が特定の状況下で取る行動を説明することは難しいといえる (井手, 2011a)。

　モチベーションの過程理論は，モチベーションを個人が動機づけられる過程の視点から説明することを目的とした理論である。つまり，「5W1H」になぞらえるならば，先のモチベーションの内容理論は人が動機づけられる内容，す

なわち「What」に着目するのに対して、モチベーションの過程理論は人が動機づけられる過程、すなわち「How」に着目している。またモチベーションの過程理論で重要視されているのはモチベーションの源泉となる要因の指摘ではなく、モチベーションが喚起されるプロセスにおける認知の役割である(高橋, 2008：49)。

本節では、以下モチベーションの過程理論を代表する衡平理論や期待理論、目標設定理論について概説する。

1. Adamsの衡平理論

われわれはしばしば他人との比較を行い、その比較結果に一喜一憂する。たとえば「自分はこのプロジェクトにかなりの時間と労力を費やしたのに、会社からはあまり評価されなかった一方で、同僚のAさんは自分よりもそのプロジェクトに貢献していなかったのに、自分と同等の評価を受けている」などである。こうした例からも他者との比較(及びその結果)は、われわれのモチベーションを理解する上で重要な位置を占めていることがわかる。Adams (i.e., Adams, 1965)によって提唱された衡平理論は、まさに他者(あるいは集団)との相対的比較を行うことによって個人が動機づけられるプロセスを説明している。

Adamsによると、個人が他者との相対的比較を行う際、①その課題や職務に対して自分が投入したインプット(努力や時間、金銭など)と、②その課題や職務から得られたアウトカム(給与や賞賛、承認など)の観点から比較を行う。具体的には、自分のインプットとアウトカムとの割合を比較対象である他者(ある

図表4-5　衡平理論のモデル

過大評価　　　衡平状態　　　過小評価

$$\frac{O_p}{I_p} > \frac{O_a}{I_a} \quad \frac{O_p}{I_p} = \frac{O_a}{I_a} \quad \frac{O_p}{I_p} < \frac{O_a}{I_a}$$

I_p, O_p：個人が知覚した自己のインプットとアウトカム
I_a, O_a：個人が知覚した比較対象のインプットとアウトカム

出所) 三崎 (2011：233) を参考に筆者作成

いは集団）と比較するのである。その際重要なのは，① インプットやアウトカムは個人による主観的な値で決定されることや，② インプットやアウトカムはただひとつではなく，物理的なものや金銭的なものまたは心理的なものまで複数存在すること，③ 比較の対象を誰にするのかは個人によって判断基準が異なるという点である (三崎，2011)。この他者との相対的比較によって，図表4-5のようなケースが想定可能になる。

これら3つのケースの内，衡平状態にある場合，個人は他者と自分が衡平に処遇されていると感じ，最も満足感を得る。しかしながら，それ以外のケース，具体的には過大評価や過小評価の場合，個人はその不均衡状態を解消することに動機づけられる。三崎 (2011：234) は，過大評価または過小評価状態における個人の不衡平の解消行動を，以下の図表4-6のようにまとめている。

図表4-6　不衡平状態における個人の解消行動

	過大評価	過小評価
自己の インプットの変更	仕事の生産性や質の向上によるインプットの増加	生産制限など，インプットの減少
自己の アウトカムの変更	アウトカムを減少するような働きかけ	賃上げ交渉など，アウトカムの増加
自己の認知替え	インプットが増加あるいはアウトカムが減少するような認知替え	インプットが減少あるいはアウトカムが増加するような認知替え
場からの離脱	離職，欠勤，配置転換などによる，交換関係の場からの離脱	
他者への働きかけ	他者に対して，インプットとアウトプットを変えるように働きかける，あるいは他者を交換関係の場から取り除く	
比較対象の変更	比較対象を変える	

出所）三崎 (2011：234)

2. 期待理論

われわれが何か行動する際，重要視するのは公平性だけではない。たとえばある資格の取得を目指す場合，重要なのはその資格の取得しやすさ (合格率が低い資格なのか，簡単に取得可能な資格なのか) や，その資格が自分に何をもたらしてくれるかではないだろうか (たとえば今後の昇進において有利になるかなど)。期待理

論では個人が動機づけられる過程における「ある行動が結果をもたらす期待」や「その結果の魅力」を重要視している。期待や魅力自体は Atkinson (1957) の達成動機理論などでも言及されてきたが (井手, 2011b), Vroom (1964) によって期待理論として体系化され, Lawler (i.e., Lawler, 1971 ; Porter & Lawler, 1968) によってその議論が発展した。ここでは, 以下, Vroom や Lawler の議論を中心に期待理論について概説する。

(1) Vroom の期待理論

Vroom (Vroom, V. H.) の期待理論では, 個人のモチベーションの強さは① 期待 (expectancy):行動がある結果をもたらすであろうという一時的な確信の大きさ (確率) と② 誘意性 (valence):結果の主観的な好ましさや魅力の積によって決定されると考えている (井手, 2011b)。この内, 誘意性はある結果がその後の昇進などさらなる2次的な結果をもたらす可能性がある。そのため, 誘意性はその結果が別の2次的な結果をもたらす期待確率である道具性 (instrumentality) と2次的結果の主観的な好ましさや魅力である誘意性の高さの積であることが分かっている。以上のことをまとめると, 以下の図表4-7のように要約可能である。

図表 4-7 Vroom の期待理論

動機づけ $(F) = \Sigma$(期待(E)×結果の誘意性(V))
結果の誘意性 $(V) = \Sigma$(2次的結果の誘意性(V)×道具性(I))

資格取得の例に置き換えると……
資格取得の動機づけ $(F) = \Sigma$(努力が資格取得に結びつくという主観的確率(E)
×資格取得の魅力(V))
資格取得の魅力 $(V) = \Sigma$(資格取得がもたらす2次的結果(昇進など)(V)
×その2次的結果がどの程度生じやすいか(I))

出所)井手 (2011b), 高橋 (2008) を参考に筆者作成

この期待理論の特徴は, 個人のモチベーションの強さを① 期待と誘意性の積としてとらえている点と② 行動によって生まれるさまざまな結果の集合体としてとらえている点に見出すことができる (高橋, 2008)。まずひとつ目の期

待と誘意性との積から個人の動機づけをとらえている点であるが，これは，上記の図表4-7において，乗算記号（×）がみられることからも明らかである。この積が意味するところは数学的な積ではなく，2つの要因（期待と誘意性）が動機づけに対して相乗効果をもつこと及び，期待もしくは誘意性のどちらかがゼロまたは非常に少ない場合，他方が高くても動機づけは生じないことを意味している（井手，2011b）。

また，行動によって生まれるさまざまな結果の集合体としてモチベーションの強さをとらえている点であるが，これは図表4-7において総和記号（Σ）がみられることからも明らかである。個人の行動は，複数の結果を生むことがある。たとえば先の資格取得の例を取り上げると，ある資格取得の2次的結果に関しては昇進（2次的結果①）だけでなく，社内での尊敬の獲得（2次的結果②）をもたらすかもしれない。Vroomの期待理論では，このように動機づけの大きさをある行動から生まれる複数の結果，及びそれらに対する誘意性の全体としてとらえている点が特徴的である。

(2) Lawlerの期待理論

Lawler（Lawler, E. E.）の期待理論では，動機づけに影響を与える要因を①努力が高い業績につながるという期待の高さ（$E \to P$），②その仕事では業績に対応した2次的結果の報酬が得られるという期待（$P \to O$），③報酬の魅力である誘意性（V）の3つに区別しており，それぞれが高くなることで個人のモチベーションが高まることが想定されている（井手，2011b）。ここまではVroomの期待理論と類似している。しかし，LawlerはVroomの期待理論にフィードバック・ループを加え，個人の能力や過去の経験などについて個人が学習することを重視している（Latham, 2007）。具体的には，先の（$E \to P$）には個人の能力やスキル，問題解決方法の学習，役割知覚が影響を与えるとされており，（$P \to O$）には評価処制度や過去の経験も影響を与えるとされる。以上のことをまとめると，図表4-8のように図示することが可能である。個人の能力や過去の経験が個人の動機づけプロセスに対して影響を与えることを指摘した点にLawlerの

図表4-8 Lawler の期待理論

出所) 井手 (2011b：229) を参考に筆者作成

期待理論独自の特徴がある。

期待理論は，多くの実証研究においてその有効性が確認されている。1950年代から1970年代にかけて行われた実証研究では概ね期待理論を考えを支持する結果が得られている (Kanfer et al., 2017)。しかし，過去の期待理論に関する定量的研究を統合する分析 (メタアナリシス) では (Van Eerde & Thierry, 1996)，期待，道具性，誘意性の3つの要因それぞれと，動機づけの指標である業績，努力，行動意図，行動の選好，行動の選択との間に相関関係が確認されたが，3つの要因の積と動機づけ指標との間には効果を確認することはできなかった (井手，2011b)。

このように期待理論は完全とまではいかないが，概ねその理論を支持する実証研究の結果が確認されている。しかし，期待理論に対しては問題点も指摘されている。それは，期待理論では基本的に個人の合理的な選択が前提とされている点である (井手，2011a)。期待理論が前提とする個人は利益を最大化するために合理的計算に基づいて主観的判断を行う人物である (高橋，2008)。しかし，われわれは常に合理性を基準に物事を判断するわけではない。また，合理的な判断を行う際にも，われわれは「制約された合理性」下に基づいて判断がなされるため，判断の際に得られる情報は不完全である (井手，2011b)(詳しくは，第1章を参照のこと)。こうした主観的判断を期待理論で説明することは難しいという問題点を抱えている。

しかし，期待理論は今日のミクロ組織論においてもモチベーションを代表する理論のひとつとして位置づけられている。また，今日では期待理論を発展させる形で，社会的規範が動機づけに与える影響を含める計画的行動理論 (Theory of planned behavior, Ajzen, 1991) が提唱されるなど，期待理論はその後の

モチベーションあるいはミクロ組織論の重要な理論に対して影響を及ぼしている。

3. Locke & Latham の目標設定理論

　皆さんは何かを行う際，「ベストを尽くす」といった漠然とした目標を立てた時よりも，具体的かつ現実的な目標を立てた時の方が，やる気が出た経験はないだろうか。目標設定理論では，個人が動機づけられるプロセスにおける「目標」の重要性に着目した理論である (Locke & Latham, 1984)。

　個人を動機づける目標とは，どのような目標なのだろうか。これまでの議論から明らかとなったことは，個人が目標から動機づけられるためには，① 目標の明瞭性や② 目標の困難性，③ 目標に対する関与度という3つの要素が考慮される必要がある点である (金井, 2011)。

　1つ目の目標の明瞭性とは，どれだけ目標が明確であるかということを指す。目標設定理論では，設定される目標はより明確であった方が個人が動機づけられることが明らかになっている。具体的には，目標が明確な場合，今後自分がどのような行動をすればよいかの方向性が定まり，具体的な行動や予定を立てることが容易になる (馬場他, 2015)。こうした具体的な目標は将来に関する不安を取り除くことにつながり，そのことがモチベーションを喚起する。したがって，目標を設定する際には，できるだけ目標を明確かつ具体的にすることが重要だとわかる。

　2つ目は，目標の困難性である。目標の明瞭性の議論に従って具体的な目標を設定したとしても，もしそれが簡単に達成できるような目標であったり，現時点ではあまりにも達成が困難な目標であったら，われわれは本当にやる気がでるだろうか。前者であれば，その目標がいつでも達成できると怠けてしまうかもしれないし，後者であれば，達成する可能性の低さからそもそも課題に取り組むことを諦めてしまうかもしれない。目標の困難性に関してはそれ以前の議論，特に前出の Atkinson (i.e., Atkinson, 1958) によって，課題の困難性 (目標の困難性ではない点に注意) と業績との関係性は一次関数のような直線的関係ではな

く，山なり（逆U字型とも呼ぶ）の曲線関係になっていることが指摘されてきた (Locke & Latham, 2002)。だが，目標設定理論では基本的には設定される目標は簡単なものよりも困難なもののほうが良いとされている (Kanfer et al.,2017)。しかし，目標が困難なものであれば自動的に個人が動機づけられるのではなく，目標の困難度と動機づけの強さについては個人的要因が多大な影響を与えている。とりわけ，「予想される状況に対処するために必要な一連の行動をどれだけうまく実行できるのかに関する見解」(Bandura, 1982：122) である自己効力感 (self-efficacy) が高い水準の人物は，より困難な目標に対して動機づけられることがわかっている (Gist, 1987；Lock et al., 1984)。

3つ目は，目標に対する関与度である。上記の2つの基準に基づいて目標が設定されたとしても，その目標が自分にとって納得できるものではなかったり，自分の能力や現状を考えずに他人から一方的に押し付けられたものである場合，本当にその目標に対して動機づけられるだろうか。目標設定理論では，目標によって個人を動機づけるためには，その目標が個人によって主体的に設定したものであるかどうかや，少なくとも個人に受け入れられていることが重要であると指摘されている (高橋, 2008)。この点に関して，近年，企業では年度の人事考課の参考となる目標やノルマを設定する際，上司から直接目標を押し付けるのではなく，上司と部下との面談を通じて設定されるケースが増えている。こうした取り組みは目標に対する関与度を高めることがつながり，社員を動機づけることが期待されている取り組みだと理解することが可能である。

以上のように，個人が動機づけられるプロセスにおいて目標が重要な役割を担っていることは明白である。さらに目標設定理論では，目標と動機づけとの関係性を調整する要因として上記以外にも仕事の内容やフィードバックの有無などが指摘されている。たとえば，仕事の内容が複雑なものよりも単純な仕事の方が両者の関係性が強固になることが指摘されている (Robbins & Judge, 2013)。また，目標を達成することで報酬や表彰といった個人に対するフィードバックが存在する場合にも，目標と動機づけとの関係性はより強固なものとなる (馬場他, 2015)。

本章では個人の動機づけ，すなわちモチベーションについて議論した。その中でモチベーションに関する研究は，大別すると，個人が動機づけられる要因（欲求）に着目した内容理論と個人が動機づけられる過程に着目した過程（プロセス）理論の2つに大別できることを指摘した。さらに，内容理論では，社会的欲求リスト (Murray, 1938) や欲求階層説 (Maslow, 1943；1954)，ERG 理論 (Alderfar, 1972)，X 理論・Y 理論 (McGregor, 1960)，二要因理論 (Herzberg, 1966) を取り上げた。また過程理論では衡平理論 (Adams, 1965) や期待理論 (e.g., Lawler, 1971；Vroom, 1964)，目標設定理論 (e.g., Locke & Latham, 1984) を取り上げた。こうしたモチベーションに関する研究蓄積によって，今日ではわれわれのモチベーションに関する理解は深まっている。また実務に目を向けてみても，360度評価や目標管理制度など本章で議論したモチベーションに関する理論を適応することで説明することができる施策も数多く実践されている。

　本章の最初で指摘したように，企業組織は画一的な人物によって構成されるのではなく，さまざまな役割や目標をもつ個人によって構成される。それゆえ，彼・彼女ら一人ひとりの「やる気」や「モチベーション」を理解することは容易ではない。しかし，今後いかなる方向性で組織を取り巻く環境が変化しようとも，組織が人で構成されている以上，モチベーションに関する議論がなくなることはない。その意味において，モチベーションに関する議論は，今後もミクロ組織論において重要なテーマとなり続けるだろう。

注
1) Need は「欲求」と訳されるほか，「要求」と訳されることもある。

さらに学習すべき事柄
・モチベーションは国や民族の文化（価値観）によって変化するのだろうか。文化や価値観がモチベーションに与える影響を調べてみよう。
・モチベーションを喚起させるためにリーダーは何をすべきだろうか。本章で議論した内容を踏まえて，モチベーションを喚起させるリーダーシップについて考えてみよう。

読んでもらいたい文献

Latham, G.(2007) *Work Motivation: History, Theory, Research, and Practice.* CA : Sage Publications.（金井壽宏監訳, 依田卓巳訳『ワーク・モチベーション』NTT 出版, 2009 年）

DIAMOND ハーバード・ビジネス・レビュー編集部編訳 (2009)『新版 動機づける力―モチベーションの理論と実践―』ダイヤモンド社

引用・参考文献

Adams, J.S.(1965) Injustice in social exchange, In L. Berkowitz (ed.), *Advances in Experimental Social Psychology.* 2, New York : Academic Press.

Ajzen, I. (1991) "The theory of planned behavior," *Organizational Behavior and Human Decision Processes,* 50 : 179-211.

Aldercer, C.P.(1972) *Existence, Relatedness, and Growth: Human Needs in Organizational Setting.* New York : Free Press.

Atkinson, J.W.(1957) "Motivational determinants of risk-taking behavior," *Psychological Review,* 10 : 209-232.

Atkinson, J. W.(1958) Towards experimental analysis of human motivation in terms of motives, expectancies and incentives, In J. Atkinson (ed.), *Motives in Fantasy, Action and Society.* Princeton, NJ : Van Nostrand : 288-305.

馬場杉夫・蔡芒錫・福原康司・伊藤真一・奥村経世・矢澤清明 (2015)『マネジメントの航海図―個人と組織の複眼的な経営管理―』中央経済社

Bandura, A.(1982) "Self-efficacy mechanism in human agency," *American Psychologist,* 37 : 122-147.

Gist, M. E.(1987) "Self-efficacy : Implications for organizational behavior and human resource management," *Academy of Management Review,* 12 : 472-485.

Herzberg, F.(1966) *Work and the nature of man.* Oxford, UK: World.（北野利信訳『仕事と人間性：動機づけ―衛生理論の新展開』東洋経済新報社, 1968 年）

Herzberg, F.(1968) "One more time：How do you motivate employees?" *Harvard Business Review,* 46 : 53-62.

井手亘 (2011a)「仕事への動機づけ」田中堅一郎編『産業・組織心理学エッセンシャルズ (改訂三版)』ナカニシヤ出版：1-30

井手亘 (2011b)「期待理論」経営行動科学学会編『経営行動科学ハンドブック』中央経済社：226-231

金井壽宏 (2011)「目標設定理論」経営行動科学学会編『経営行動科学ハンドブック』中央経済社：251-257

Kanfer, R., Frese, M., & Johnson, R.E.（2017）"Motivation related to work: A century of progress," *Journal of Applied Psychology*, 102：338-355.

Latham, G.P.（2007）*Work Motivation : History, Theory, Research, and Practice*. Thousand Oaks, CA: Sage Publications.（金井壽宏監訳，依田卓巳訳『ワーク・モチベーション』NTT 出版，2009 年）

Lawler, E.E.（1971）*Pay and Organizational Effectiveness : A Psychological View*. New York：McGraw-Hill.（安藤瑞夫訳『給与と組織効率』ダイヤモンド社，1972 年）

Locke, E.A., & Latham, G.P.（1984）*Goal Setting : A Motivational Technique That Works*. Englewood Cliffs, NJ：Prentice Hall.（松井賚夫・角山剛訳『目標が人を動かす―効果的な意欲づけの技法―』ダイヤモンド社，1984 年）

Locke, E. A., & Latham, G. P.（2002）"Building a practically useful theory of goal setting and task motivation：A 35-year odyssey," *American Psychologist*, 57：705-717.

Locke, E. A., Frederick, E., Lee, C., & Bobko, P.（1984）"Effect of self-efficacy, goals, and task strategies on task performance," *Journal of Applied Psychology*, 69：241-251.

Maslow, A.H.（1954）*Motivation and Personality*. New York：Harper & Row.（小口忠彦監訳『人間性の心理学―モチベーションとパーソナリティ―』産業能率大学出版部，1987 年）

McGregor, D.（1960）*The human side of enterprise*. New York：McGraw-Hill.（高橋達男訳『新版 企業の人間的側面―統合と自己統制による経営―』産業能率短期大学出版部，1970 年）

三崎秀央（2011）「衡平理論と公正」経営行動科学学会編『経営行動科学ハンドブック』中央経済社：232-237

Murray, H.A.（1938）*Explorations in personality : a clinical and experimental study of fifty men of college age*. New York：Oxford University Press.（外林大作訳編『パーソナリティⅠ』誠信書房，1961 年）

Porter, L.W., & Lawler, E.E.（1968）*Managerial Attitudes and Performance*. Homewood, IL: Dorsey-Irwin.

Robbins, S.P., & Judge, T.A.（2013）*Organizational Behavior*. (15th ed.), Harlow, UK：Pearson.

Robbins, S.P., & Judge, T.A.（2018）*Essentials of Organizational Behavior*. (14th ed.), Harlow, UK: Pearson Education, Inc.

坂下昭宣（1985）『組織行動研究』白桃書房

Steers, R.M., & Porter, L.W.（1979）*Motivation and work behavior.*（2nd ed.），New York : McGraw-Hill, Inc.

高橋潔（2008）「組織成員の動機づけ―3次元モティベーション理論―」若林満監修，松原敏浩・渡辺直登・城戸康彰編『経営組織心理学』ナカニシヤ出版：42-62

上野山達哉（2011）「職務特性」経営行動科学学会編『経営行動科学ハンドブック』中央経済社：245-250

Van Eerde, W., & Thierry, H.（1996）"Vroom's expectancy models and work-related criteria : A meta-analysis," *Journal of Applied Psychology*, 81：575-586.

Vroom, V.H.（1964）*Work and Motivation.* New York : Johns-Wiley.（坂下昭宣・榊原清則・小松陽一・城戸康彰訳『仕事とモチベーション』千倉書房，1982年）

第5章　集団行動とダイナミクス

　人は職場の部署や学校のクラス，共通の趣味をもつ人々の集まりなど，さまざまな集団の中で多くの時間を過ごす。そして，「みんなで渡れば怖くない」，「仲間がいるから頑張れる」といった言葉は集団が個人にはみられない性質をもっていることを示唆している。このような人が集団を形成した際に現れる力学的特性のことをグループ・ダイナミクスという。この章では，集団がもつ特性や集団が意思決定する際に起こりうるデメリット，また，集団が高いパフォーマンスを出すためのマネジメントについて説明する。

キーワード：集団,グループ・マネジメント,集団の特性,集団の意思決定,コミュニケーション

Ⅰ．集団とは

1. 集団の定義

　集団という言葉は日常的にも使用されるが，これは学術的にはどのような定義がされているのだろうか。吉田 (2009) によると集団という言葉は大きく3つの意味で使用される。1つは，同じバスの乗客たちのような空間的に近接して存在している不特定多数の人々のことを指す時に使用される。2つ目に，相互作用はなく匿名的であるが，民族，性別，職業などの特定の社会的カテゴリに対して社会的アイデンティティを感じる人々がいる時，それを集団と呼ぶ。そして，3つ目に，何らかの共通の目的をもち，相互に影響し合う個人の集まり (吉田, 2009：207) を指して集団と呼ばれる。このうち，社会心理学や経営学が対象としてきたのは3つめの定義にあるような集団であり，本章でも上記のように定義される集団を想定して説明を行っていく。

　ではどのような特徴をもっているときその集まりは集団といえるのだろうか。人々がそれを集団だと認知する程度のことを集団実体性 (group entitativity) というが，Lickel et al. (2000) は集団実体性に影響を与える特徴を明らかにした。彼らは集団実体性に影響を与える特徴として，① メンバー同士の相互作用,

② メンバーにとってその集団の重要性，③ 共通の目標，④ 共通の成果，⑤ メンバー同士の類似性，⑥ 集団の継続性，⑦ 浸透性（集団への参加や離脱の容易さ），⑧ 集団の大きさの8つをあげている。この8つの項目のうち，①から⑥の程度が高ければ集団実体性は強まり，⑦と⑧の程度が高ければ集団実体性は小さくなる。たとえば，電車に乗っている人々であればこれらにはほとんど当てはまらないので集団とはいえず，反対に会社の同じ部署に所属する人々は大いに当てはまるので集団と呼ぶことができる。

2. 集団の種類

　集団は，公式集団と非公式集団に大別できる。公式集団は，組織が意図的に作る集団である。営業課，人事課といった職能部門（部署）は，公式集団の典型例である。職能部門の場合は，恒常的な集団であるが，公式集団には特定の目的のために臨時に作られるプロジェクトチームやタスクフォースといった集団も存在する。これらの集団は両方とも特定の課題を解決するために，常設の部署をまたいで，結成される集団であるが，一般的にプロジェクトチームは長期にわたる課題解決を図るもので，タスクフォースは短期間で緊急性の高い課題に対処する集団を指すことが多い。プロジェクトチームやタスクフォースは各部署から専門知識をもった人材を集めたり，その課題解決に関する権限を委譲したりすることによって，課題に対する迅速かつ柔軟な対応が可能になる（Galbraith & Nathanson, 1978）。こうした公式集団では，一般的にメンバーはそれぞれ役割（後述 p.82）があてがわれており，集団の目標を達成するために協働が行われる。

　一方の非公式集団は組織が意図的に作るものではなく，自然発生的なもので，メンバーの役割は必ずしも明確ではない。しかし，組織内で発生する非公式集団も組織の仕事に対して重要な影響をもつ。このことは Mayo（Mayo, G.E.）と Roethlisberger（Roethlisberger, F.J.）によって主導されたホーソン研究によって明らかになった。ホーソン研究では，職場環境の改善が生産性の向上をもたらすという仮説を証明することを目的としていたが，これらの関係性を明らかにすることはできなかった。しかし追加の実験では，組織内に発生する非公式集

団が仕事の生産性に影響をもたらすことが明らかになった。バンク配線観察実験と呼ばれる実験において、公式な作業集団とは別に、人間関係によってできあがった非公式集団の存在が確認された。この非公式集団には、自分たちの作業量を制限する規範が存在しており、このことが生産性を低下させる原因となっていたのである。

ホーソン研究のケースでは、非公式集団が生産性を低下させていたが、非公式集団は必ずしも組織に対してネガティブな影響をもたらすものとは限らない。たとえば、日本の製造業では、終業後に有志のメンバーが集まり、品質改善のための活動が非公式に行われていた。この集団は QC（Quality Control）サークルと呼ばれ、日本の製造業における品質を向上させ、業績を高めてきた。

このように、非公式集団も組織の成果に影響をもたらすため、組織の管理者は、その存在を無視してマネジメントすることはできない。したがって、組織の管理者にはタスクに関連するスキルのみでなく、職場の人間関係に対処するための社会的スキルも求められるのである。

3. 社会的促進と社会的手抜き

個人が集まって集団を作ると、本当に個人で行うよりも優れたパフォーマンスをあげることができるのだろうか。Triplett（1898）は、ある作業をする際にひとりで行うよりも他者と共に行った方が、パフォーマンスが向上することを発見し、この現象を社会的促進と名付けた。たとえば、勉強する際にひとりで、家で勉強するよりも友達と勉強したり、他に人のいる喫茶店などで勉強したりする方が集中できるといった現象も社会的促進のひとつである。

ただし、この社会的促進はどのような作業でもみられるわけではないことも後の研究で明らかになっている。課題の難易度が低い場合にはパフォーマンスが向上するが、難易度が高い場合は反対にパフォーマンスが低下することが指摘されている。

反対に、集団になることによってパフォーマンスが低下してしまうこともある。たとえば、綱引き実験と呼ばれる実験では、綱を引く集団が大きくなるに

つれて，ひとりあたりの引っ張る力が低下していくことが明らかになっている。こうした現象は，社会的手抜きと呼ばれている (Latané, et al., 1979)。社会的手抜きが発生する原因としては，メンバー間に調整コストが発生することや，結果に対する責任の所在が不明瞭になることがあげられている。

経営学で集団について論じる際には，社会的促進を高めると同時に，社会的手抜きをいかに防ぐかが問題となる。なぜなら，これらのことが可能になってはじめて組織としての有効性が出てくるからである。

II. 集団の基本的特性

集団には，個人にはみられないいくつかの特性がみられる。ここでは，集団を考える際に重要な，役割，集団規範，同調，集団凝集性，集団間対立といった基礎的な概念について説明していく。

1. 役　割

私たちは，日頃さまざまな役割をこなしながら集団の中で活動している。たとえば，大学生，サークルの代表，アルバイト先のメンバー，男性もしくは女性，長男や次男といったさまざまな役割があり，それぞれの役割にはそれぞれの期待とそれに沿った行動が存在する。Zimbardo (Zimbardo, P.) はこうした役割が，われわれが意識する以上に行動に強い影響を与えていることを，1971年に，大学生を対象にした実験によって明らかにした (Haney, et al., 1973)。

スタンフォード監獄実験と呼ばれるこの実験では，被験者たちはランダムに看守と囚人の2つのグループに分けられた。Zimbardoはこの被験者たちにスタンフォード大学の地下に作られた擬似刑務所にてそれぞれの役割を演じさせた。この実験に参加した学生たちは犯罪歴も看守としての職業経験もなく，この実験は言わばおままごとのようなものであった。しかし，実験が開始されると看守役の学生たちは，次第に囚人役に対して罰則を与えるようになり，囚人役も次第に自分たちが本当の囚人であるかのような錯覚を持ち始めるようにな

ったのである。最終的には看守役は,囚人を独房に監禁したり,暴力を振るったりするようになり,囚人たちはこれらの扱いに従順に従うようになってしまった。この実験は当初2週間で行われる予定だったが,被験者たちの精神的・心理的悪影響を考慮して1週間で打ち切られた。

　この実験結果は,役割が人間の行動にネガティブな影響を及ぼすことを示すと同時に,うまく役割をマネジメントすることができれば組織や個人にとってポジティブな影響をもたらすことができるということも示唆している。たとえばそれまでやる気のなかったサークルのメンバーに,後輩ができ,先輩という役割が与えられた途端にサークルに積極的に関与するようになったり,会社でプロジェクトチームに選抜された人がよりやる気を出したり,発言,行動に変化がみられるようになったりすることがある。このように人に役割を与えることで,やる気を引き出したり,パフォーマンスを高めたりする可能性もスタンフォード監獄実験の結果から示唆されている。

　ただし,役割をマネジメントする際には役割曖昧性や役割葛藤をなくすように注意する必要がある。役割曖昧性とは,役割に関する情報が不足している状態を指す (Rizzo, et al., 1970)。典型的には「副○○」や「○○補佐」,「○○代理」といった役職にみられる。役割に曖昧性があると,役割に関して何が求められているのかが不明瞭なため,そもそも何に対して努力をすれば良いのかがわからないという状況に陥る。これでは,高いやる気やパフォーマンスは期待できない。そのため,マネジャーは,その役割に何が求められるのかを十分に説明したり,タスクに関するフィードバックを提供する必要がある (Jackson & Schuler, 1985：29-30)。

　一方,役割葛藤とは「一方の遵守が他方の遵守をより困難にするような,2つ (またはそれ以上) の役割付与の同時発生」(Katz & Kahn, 1966: 184) と定義される。われわれは複数の役割をこなしながら活動しているが,これらの役割や周囲からの期待をすべて同時にこなせるとは限らない。たとえば,ある人は家庭で父親や母親として家事や子育てをしなくてはならない一方で,企業では正社員として長時間の労働が求められる。家事や子育てをする時間を増やそうとすると

仕事をする時間が足りなくなり，反対に仕事をする時間を長く確保すれば家事や子育てに割く時間が確保できなくなる。こうした役割葛藤は，営業部の社員がプロジェクトチームのメンバーに任命され，元の営業の仕事がそれまでと同様にこなせなくなるといったように，単一の組織内にもみられる。こうした状態にいる個人は，ストレスを感じモチベーションを低下させてしまう。役割マネジメントでは，役割のこうした側面に気を配る必要がある。

2. 集団規範

　一般的に集団の中では集団規範が形成されていく。集団規範とは，「集団メンバーの行動を規則化し統制するために集団が採用する非公式のルール」(Feldman, 1984：47) と定義される。集団のメンバーは集団規範によって統制され，集団規範によって集団が保たれる。また，Feldman (1984：48-49) は，規範がもつ機能として，次のようなものをあげている。
　① 規範は，集団を他の集団からの介入や妨害から守り，集団の生存を助ける。
　② 規範は，集団のメンバーにどのような行動が期待されているかを示し，行動を予測することを可能にする。
　③ 規範は，メンバー間の人間関係の問題を回避するのを助ける。
　④ 集団の中心的な価値を示し，集団のアイデンティティを明確にする。また，それにより集団の活動に社会的正当化をもたらす。
　集団規範は，集団のメンバーに規範にそって行動することを促す。こうした規範がメンバーに守られることによって集団は強化されたり維持されたりするが，規範に従わないメンバーには，軽蔑や無視，追放といった罰が与えられる。したがって，こうした規範は組織メンバーに同調圧力をもたらす。

3. 同調と同調圧力

　皆さんは，自分の意見を周りの人に合わせて思ってもいないことをいったり，周囲の人間と同じ行動を取ってしまったりした経験はないだろうか。このような現象は，同調と呼ばれる。この同調は，Asch (1951, 1955) の実験によって発

図表 5-1 Asch の同調実験

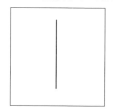
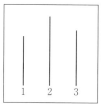

出所）Asch（1955：32）

見された。同調実験と呼ばれるこの実験では，7人からなる集団に，図表 5-1 のような 2 枚のカードが提示され，左のカードの線と同じ長さのものは，線 1,2,3 のうちのどれかという質問がなされた。これは，図表 5-1 の場合では，正解は線 2 といったように通常での誤答率は，1％にも満たない簡単な問題である。

しかし，この実験では 7 人の集団のうち 6 人は実験協力者（サクラ）であり，本当の被験者は集団にひとりだけであった。この実験協力者たちは故意に間違った回答をするように指示がされており，図表 5-1 の場合では協力者全員が 3 と答えた。すると本当の被験者は最初のうちは正答するが，試行回数を繰り返すうちに周囲に合わせて誤答するようになってしまったのである。このことは，個人が集団の考えに同調し，自分の考えを曲げてしまうことを示している。

このような同調は，企業などの組織の中でも生じる。たとえば，新製品開発の場で，あるアイディアを自分は内心よいとは思わないが，他のメンバーが良いといっているので反対意見をいわなかったり，他のメンバーが残業をしているので，その日の自分の仕事は終わっているにもかかわらず自分も残業したりするといった行動にみられる。

では，こうした同調行動はどうして起こるのだろうか。Festinger (1953) は同調を強制的同調と内面的同調に区別し，同調が起こるメカニズムを説明した。強制的同調は，報酬や罰により促される同調であり，個人はこの圧力に抵抗することによって生じる不利益を回避するために同調を行う。一方で，内面的同

調は個人が集団に対して魅力を感じ，集団に留まったり，集団内での自分の中心性を高めたりしたいという欲求が促す同調である。この内面的同調は，一般的に集団内での他のメンバーとの相互作用の度合いが増すにつれて強まる。

4. 集団凝集性

集団が目標を達成するためには，メンバーが団結し協力し合うことが必要になる。社会心理学や経営学では，こうした「集団のメンバーが他のメンバーに惹きつけられ集団に居続けることに動機づけられる程度」(Summers et al., 1988：627) のことを集団凝集性と呼んでいる。では，この集団凝集性はどのような状況でより高まり，高い凝集性は集団に対してどのような効果をもたらすのであろうか。Summers et al. (1988) によると，メンバー間の類似性やその集団での成功，外部の脅威や環境の激しい変化がある場合，集団凝集性は高くなる。また集団凝集性の高さはメンバーの職務満足度や生産性に結びつくことがこれまでの研究で明らかになっている。

ただし，集団凝集性は一概に良いことだけをもたらすとはいえない。集団の結束が強すぎると，リーダーの出す指示が誤っていたとしてもメンバーはそれに従ってしまうことがある。また，本章のⅢ節 (p.88) で説明するグループシンクも引き起こしやすくなる。集団をマネジメントする際には，集団凝集性の逆機能も把握しておく必要があるといえよう。

5. 集団間対立

個人間で対立が起こるように，集団と集団同士でも対立は起こる。こうした集団間の対立は，1つの職業組織の中の集団間でも発生することがある。典型的な例は，営業部と製造部の対立である。営業部が製造の事情を考えない無理な仕様や量の注文を取り付けることに製造部が文句をいい，一方の営業部も自分たちが注文を取ってくるから製造部のやつらはメシが食えるんだと腹を立てるといった話はいろいろな企業で聞く。

Sherif et al. (1961) は，集団間の対立に関してサマーキャンプを事例にして

以下のような実験を行った。キャンプに参加した子供たちを2つの集団に分け，スポーツやゲームの対抗戦が行われた。それぞれの集団は，この対抗戦を通して，お互いの集団を「敵」とみなすようになっていった。つまり，集団間の対立が生じるようになったのである。

なにがこうした集団間対立を引き起こすのだろうか。先に説明した集団凝集性は集団間対立の原因の1つであると考えられている。集団凝集性は，メンバーの集団の境界に対する認識を強める効果をもつ。「われわれ」といった言葉や「彼ら」といった言葉は，その人が自分の集団の内と外を強く認識していることを示す。こうした内と外の認識は，集団内のメンバー同士の協力関係を強める一方，自分たちと異なる集団に対する敵対的な態度・行動をもたらす場合がある。Sherif et al. (1961) の実験の対象となった2つの集団も対抗戦を通して内と外の認識を強め，互いの集団を敵対視するようになったのである。

直観的に理解できる通り，同一組織内での集団間の対立は，組織全体のパフォーマンスを低下させる。たとえば，部門間に壁があるため，対立したり協力関係が築けなかったりすることをセクショナリズムという。

では，こうした集団間対立をなくすためには何が必要なのだろうか。先のSherif et al. (1961) の実験には続きがあり，その中にヒントが隠されている。実験では，対立していた2つの集団は危機に直面することとなる。キャンプ中の食料調達に必要なトラックが故障してしまったのだ (研究者たちが意図的に壊し，危機を演出した)。そのままでは食料を調達できないという危機を乗り越えるため，2つの集団は協力せざるを得なくなった。その後も研究者たちは意図的に危機を作り出したが，協力してそれらの危機を乗り越えるうちに2つの集団の間にあった対立は次第に解消されていったのである。一方，Schein (1965) は，集団間の対立を解消する方法として，① 両方の集団に共通する敵を設けること，② 集団同士に相互作用が生まれるような工夫をすること，③ 両集団を超えた目標を与えること (3点目はSherif et al. (1961) の結果と合致している) の3点をあげている。

このように，特に同一組織内の集団間対立は組織パフォーマンスを低下させ

る可能性が高いため，組織マネジメントには集団間の協力関係を醸成するような視点も必要となる。

Ⅲ．集団の意思決定を歪める要因

　組織の中のさまざまな意思決定は，個人で行われることもあるが，プロジェクトチームや取締役会といった集団で行われることもある。こうした集団での意思決定は，個々人の知識，経験などを組み合わせることでよりよい意思決定に結びつくことがある一方で，他方，集団がもつ特性により集団で行った意思決定が個人で行った意思決定よりも悪い結果になってしまうこともある。このように集団をマネジメントする際には集団的意思決定のデメリットを抑えると同時に，よい面を引き出すことが求められる。

　集団的意思決定において，その有効性を妨げる要因としてグループシンクやグループシフトがあげられている。ここでは，これらの現象やその解決法について説明する。

1．グループシンク（集団浅慮）

　グループシンクとは，多数派の意見に同調するような圧力がかかることにより，多様な意見や少数派の意見が抑制されたり，選択肢の実現可能性や倫理性を十分に考慮されなくなったりすることによって，誤った意思決定をしてしまうことを意味する。Janis（1991：238-239）によると，

(1) 自分たちは不死身であるという幻想をもつ。
(2) 自分たちの大義を盲信する。
(3) 自分たちの行為を正当化する。
(4) 他の集団に対するステレオタイプをもつ。
(5) 自己検閲をし，反対意見を封殺する。
(6) 満場一致への幻想をもち，集団の決定が満場一致の結果だと思い込む。
(7) 反対意見をいう者に直接的な圧力をかける。

(8) 面倒な意見からリーダーを自発的に守ろうとする自薦の用心棒（self-appointed mindguards）が登場する。

といった兆候がみられる場合，その集団はグループシンクに陥っている可能性があるとしている。さらにこれらの兆候は，集団凝集性が高い，組織の構造に問題がある（外界から隔離されている，中立的なリーダーシップが欠如しているなど），意思決定を歪める状況要因が存在している（意思決定への強い外圧，集団の自己効力感が低いなど）といった条件下で起きやすいことも指摘されている。

2. グループシフト（集団極化）

集団で意思決定することによって，極端に大胆な意思決定をしてしまったり，反対に極端に慎重な意思決定をしてしまったりする現象が確認されている。Stoner（1961）は，大学の選択，転職，危険な手術を受けるか否か，結婚の決断などの「人生の岐路」における意思決定をする際，集団で意思決定するのと個人で意思決定するのにはそれぞれ異なる傾向があることを発見した。人生の岐路における重要な意思決定をする際，個人で意思決定をするより集団で討論をして意思決定をする方がよりリスクの高い意思決定をしたのだ。こういった偏りは，リスキーシフト（risky shift）と呼ばれている。

反対に，個人で意思決定を行うよりも過剰なくらい慎重な選択肢を採用することもあり，このことはコーシャスシフト（cautious shift）と呼ばれている。組織変革や競合他者との差別化のための意思決定をする際にコーシャスシフトが起こると，リスクを過剰に回避しようとするあまり十分な変革や差別化に至らないといった問題に陥ることもある。

このように，集団での意思決定は個人の意思決定よりも極端な結論を導き出す傾向にあり，このことが集団の意思決定を誤った方向に導くことがある。

3. グループシンクの解消方法

(1) ブレインストーミング

グループシンクやグループシフトを防ぐ方法として，実際の企業でも多く取

り入れられているのがブレインストーミング (brainstorming) である。ブレインストーミングとは，集団の創造性を高めるために Osborn (1953) が提案したアイデア出しのための手法である。ブレインストーミングには，以下の4つのルールが設けられている (Osborn, 1953)。

① アイデアに対する批判，評価，判断もしくは擁護をしない
ブレインストーミングの目的は多くのアイデアを出すことである。それぞれのアイデアに対する批判，評価，判断，擁護はブレインストーミングの後で行う。

② 自由奔放さや自由な発想を歓迎する
どんなにでたらめで実用的でないアイデアでも良いので，自由な発想でアイデアを出すことが求められる。アイデアを現実的なものにすることはブレインストーミングの後でも行うことができる。

③ アイデアの質よりも量を重視する
アイデアの量が多ければ多いほど，その中に実用的なアイデアが混ざっている可能性は高くなるため，とにかく多くのアイデアを出すことが求められる。

④ 他者が出したアイデアを足がかりにしてさらによいアイデアを出すことを歓迎する
出されたアイデアに対して改善案や派生案を出したり，アイデア同士を結合させたりすることにより，より良いアイデアを生み出していく。

(2) KJ法

ブレインストーミングで出たアイデアをまとめ上げ，最終的な案を生み出すのに有効な方法のひとつが KJ 法である。KJ 法とは，文化人類学者の川喜田二郎が 1967 年に出版された『発想法』の中で生み出し，1970 年の『続・発想法』で発展させた手法である。

名称の「KJ」は考案者，Kawakita Jiro の略である。

KJ 法は，以下の4つの段階からなる (川喜田, 1970)。

① 紙きれづくり

ブレインストーミングなどで出てきたアイデアを紙きれ（カードや付箋紙など）に書く。ひとつの紙きれにはひとつのアイデアだけを書く。

② グループ編成

できた紙きれを内容の似ているものどうしで10以内のグループにまとめる。グループの枚数はアイデアの質とは無関係であり，1枚のまま残ったものも，それはひとつのグループとして扱う。グループ化したら，そのグループの内容を適切に表現する「表札」を作る。

③ A型図解

できたグループどうしを関係性の遠近に応じて配置する。どのような配置が適切かを判断するには，その配置の意味する内容をストーリーにして話すことができるか否かで判断する。グループの配置ができたら，その位置関係を崩さず，グループを構成する紙きれの内容が読めるように紙きれを広げ，グループごとに輪で囲み，表札名を書く。その上で，カード間あるいはグループ間どうしの関係を矢印やイコールなどの記号で表現する。

④ B型文章化

最後にA型図解の内容を文章に起こす。文章化する過程で行き詰まったり，ストーリーの矛盾点がみつかったりする。この際，さらなる議論をすることで，最終的なアイデアはさらに洗練されていく。

以上が，KJ法の大枠である。こうしたブレインストーミングやKJ法といった手法を用いることにより，グループシンクを抑え，集団がより高いパフォーマンスを出すことが可能になる。

Ⅳ．集団のコミュニケーションとマネジメント

1. コミュニケーションの類型

集団が目標を達成するためには，メンバー同士が適切にコミュニケーションを取って協働することが欠かせない。現代ではITシステムの導入が進んでき

ており，コミュニケーションの取り方は変化してきているが，それでもコミュニケーションの重要性は変わらない。集団の中で行われるコミュニケーションは，命令系統に従って行われるフォーマルコミュニケーションと，そうではないところで行われるインフォーマルコミュニケーションに大別される。

　コミュニケーションはその方向別に下方向，上方向，横方向に分類される。下方向のコミュニケーションは，上司の部下に対するコミュニケーションである。たとえば，集団の目標，目標達成のための業務分担，業務遂行に関する指示，部下の仕事に対するフィードバックなどである。次に，上方向のコミュニケーションであるが，これは部下から上司へのコミュニケーションであり，業務の進捗状況や問題の報告が例として挙げられる。通常，部下は上司に比べて顧客に近く，ニーズの変化を感じとったり顧客からの要望を受けたりしやすい。そのため，上方向のコミュニケーションは業務の改善や，新たな製品の開発，イノベーションの源泉となることも多い。したがって，集団をマネジメントする者にとって，部下が上司に対して意見をいいやすくする雰囲気の醸成は非常に重要な課題となる。そして，同じ集団のメンバー同士や同一職位の者同士のコミュニケーションは横方向のコミュニケーションと呼ばれる。このコミュニケーションは，職務の遂行に必要なフォーマルなコミュニケーションになることも，情報交換や雑談，噂などのインフォーマルコミュニケーションになることもある。

2. 阻害要因と改善方法

　効果的なコミュニケーションを阻害する要因も存在する。Robbins (2005) はコミュニケーションの阻害要因として，組織階層の多さに起因する情報フィルター，選択的認知，情報過多などをあげている。情報フィルターとは，情報の受け手がより好意的に受け取ってくれるように，送り手が意図的に情報を操作することを指す。伝言ゲームと同様，コミュニケーションの回数が多いほど，つまり組織階層が多いほど，このフィルターはかかりやすい。また，情報の受け手の中に選択的認知が存在することも阻害要因のひとつである。選択的認知

とは，物事を自分のニーズや動機，経験，背景などに基づいて選択的に情報を受け取ってしまうことを指す。たとえば，コストカットのために人員を削減したいと考えているマネジャーは，人員削減によってもたらされるデメリットに関する情報を無視してしまいがちになる。そして，人間の情報処理能力には限界があるため，情報過多も阻害要因となる。処理できる以上の情報が与えられてしまう場合，その人は情報を取捨選択したり，無視したりせざるを得なくなる。

では，こうした阻害要因をどのように減らすことができるのだろうか。ひとつは，メンバーのコミュニケーションスキルを向上させることである。先の情報フィルターは，上司が喜ばない情報を提供してしまうことで叱責を受けたり，評価を落としたりしてしまうのではないかと部下が恐れを抱くことに起因する。しかし，こうした情報を部下が報告しないとその集団は将来より大きな問題に直面するだろう。したがって，上司となる人間には，部下がネガティブな情報も提供してくれるようなオープンな雰囲気を作ることが求められる。また，選択的認知に関しても，その人の個人的なニーズや動機，経験などに基づいて行われるため，まずはそうした認知バイアスが存在するということを自覚させ，情報に対するより客観的な評価ができるようにスキルを向上させる必要がある。

一方，メンバー個々の阻害要因だけでなく，組織的な要因を改善することも重要である。たとえば，情報フィルターは組織階層が多いほどかかりやすいため，フラットな組織づくりをし，組織階層を減らすといった工夫をすると効果的である。また，情報過多は情報システムの活用によって改善することができる。

このように，効果的なコミュニケーションには阻害要因が存在するため，その影響をできるだけ減らそうとすることが重要になる。

さらに学習すべき事柄
・自分の身近な集団や組織から及ぼされる影響力，また自ら及ぼすことのできる影響力について考えてみよう。
・自分の身近な集団や組織の抱える問題点は何であるか，それはどのようにしたら乗り越えることができるのかを考えてみよう。

読んでもらいたい文献

釘原直樹（2011）『グループ・ダイナミックス：集団と群衆の心理学』有斐閣
Burr, V.（2002）*The Person in Social Psychology*. East Sussex, UK：Psychology Press.（堀田美保訳『社会心理学が描く人間の姿』ブレーン出版，2005 年）

引用・参考文献

Asch, S.E.（1952）"Effects of Group Pressure upon the Modification and Distortion of Judgements," In H. Guetzkow（ed.）, *Groups, Leadership and Men : Research in Human Relations*, Oxford, England：Carnegie Press：177-190.

Asch, S.E.（1955）"Opinions and Social Pressure," *Scientific American*, 193(5)：31-35.

Feldman, D. C.（1984）"The Development and Enforcement of Group Norms," *The Academy of Management Review*, 19(1)：47-53.

Festinger, L.（1953）"An Analysis of Compliant Behavior," In M. Sherif & M. Wilson（eds.）, *Group Relations at the Crossroad*. Oxford, England：Harper：232-256.

Galbraith, J.R., & Nathanson, D.A.（1978）*Strategy Implementation : The Role of Structure and Process*. Minnesota：West Publishing.（岸田民樹訳『経営戦略と組織デザイン』白桃書房，1989 年）

Haney, C., Banks, C., & Zimbardo, P.（1973）"Interpersonal Dynamics in a Simulated Prison," *International Journal of Criminology and Penology*, 1: 69-97.

Jackson, S.E., & Schuler, R.S.（1985）"A Meta-analysis and Conceptual Critique of Research on Role Ambiguity and Role Conflict in Work Settings," *Organizational Behavor and Human Decision Processes*, 36：16-78.

Janis, I.（1991）"Groupthink," In E. Griffin（ed.）, *A First Look at Communication Theory*. New York: McGraw-Hill: 235-246.

Katz, D., & Kahn, R.L.（1966）*The Social Psychology of Organizations*. New York：John Wiley & Sons, Inc.

川喜田二郎（1970）『続・発想法— KJ 法の展開と応用—』中公新書

Latané, B, Williams, K., & Harkins, S.（1979）"Many Hands Make light the Work: The Causes and Consequences of Social Loafing," *Journal of Personality and Social Psychology*, 37(6)：822-832.

Lickel, B., Hamilton, D.L., Wieczorkowska, G., Lewis, A., Sherman, S.J., & Uhles, A.N.（2000）"Varieties of Group and the Perception of Group Entitativity," *Journal of Personality and Social Psychology*, 78(2)：223-246.

Osborn, A.F.（1953）*Applied Imagination*. New York：Charles Scribner's Sons.

Rizzo, J.R., House, R.J., & Lirtzman, S.I. (1970) "Role conflict and ambiguity in complex organizations," *Administrative Science Quarterly*, 15: 150-163.

Robbins, S.P. (2005) *Essentials of Organizational Behavior*. (8th ed.). Pearson Education.（高木晴夫訳『新版 組織行動のマネジメント』ダイヤモンド社，2009年）

Schein, E.H. (1965) *Organizational Psychology*. New Jersey : Prentice Hall.（松井賚夫訳『組織心理学』岩波書店，1966年）

Sherif, M., Harvey, O.J., White, B.J., Hood, W.R., & Sherif, C.W. (1961)*Intergroup Conflict and Cooperation : The Robbers Cave Experiment*. University of Oklahoma.

Summers, I., Coffelt, T., & Horton, R.E. (1988) "Work-group Cohesion," *Psychological Reports*, 63 : 627-636.

Stoner, J.A.F. (1961) "A Comparison of Individual and Group Decisions Involving Risk," Thesis (M.S.) Massachusetts Institute of Technology, School of Industrial Management.

Triplett, N. (1898) "The Dynamogenic Factors in Pacemaking and Competition," *American Journal of Psychology,* 19(4) : 507-533.

吉田冨士男（2009）「集団と個人」堀洋道監修『新編　社会心理学〔改訂版〕福村出版：206-226

第6章　リーダーシップ

　組織や集団で何か目標を達成する際，それぞれの人間がバラバラな方向に行動してしまうと達成できる目標も達成できなくなってしまう。そこで，メンバーの努力や行動をひとつの方向にまとめるため，リーダーシップが必要になる。企業や学校，病院といった大きな組織のみでなく文化祭に向けた高校のクラスや個々の家庭といった小さな集団においてもリーダーシップを発揮することが求められる。この章では，リーダーシップの基本的な理論や，フォロワーに注目した比較的新しい理論を説明する。

キーワード：カリスマ，ストーリーテリング，リーダーシップの社会的構成，フォロワー

Ⅰ．リーダーシップとは

　リーダーシップは，経営学や社会心理学をはじめとする社会科学の領域でも長期にわたり大きな関心を集めてきた分野である。リーダーシップが研究として体系的に検討され始めたのは，1940年代以降，心理学的な研究手法が確立されてからである。

　はじめに，本章のⅡからⅣ節では，1940年代から1980年代までのリーダーシップ理論について取り上げる。1980年代までのリーダーシップ研究は特性アプローチ，行動アプローチ，コンティンジェンシーアプローチという3つの方法から行われてきた。ここでは，これらのアプローチや個別理論を主にその貢献や限界点，その後の研究へのつながりといった観点から説明する。また，1990年代以降は，リーダーシップの受け手であるフォロワーの視点からリーダーシップを解明しようとする研究が急増している。本章のⅤからⅧ節では，そうしたフォロワーにも焦点を当てた研究を紹介する。

　リーダーシップ研究の第一人者であるStogdill（Stogdill, R. M.）はリーダーシップを「目標設定や目標達成に向けた努力のなかで組織された集団の活動に対して影響をおよぼすプロセス（行為）」（Stogdill, 1950：3）と定義している。Parry

& Bryman（2013）は，この定義には多くのリーダーシップの定義に共通してみられる，影響力，集団，目標という3つの要素が入っていることを指摘している。つまり，リーダーシップとは，集団の中で目標を共有し，達成するために他者に対して影響力を行使することであると理解できる。一般的にリーダーシップは，上司が部下に，部活やサークルでは部長が部員に，先輩が後輩にといったように，階層の上位にいる人間が階層の下位にいる人間に対して発揮するものだと理解されがちだが，上記の定義に従えば必ずしもそうとはいえない。集団の目標を達成するために，ある人が彼・彼女の同僚や上司に対して階層の上下に関係なく影響力を行使するというケースは読者の身近なところでもよくみられる現象であるだろう。ただし，この章のⅡからⅣ節で取り上げる1980年代までの研究では，ほとんどの場合，上司が部下に対してリーダーシップを発揮するという前提のもとに研究がなされてきたのも事実である。

Ⅱ．特性アプローチ

1. 1940年代以前の特性アプローチ

　優れたリーダーになるために必要なのは，生まれもっての才能や特徴なのだろうか。それとも教育や努力によって獲得される能力のような後天的なものなのだろうか。1940年代末までに隆盛を極めた特性アプローチはリーダーと呼ばれる人たちがどういった特性を有しているのかに注目した。具体的には，年齢，身長，容姿といった身体的特徴や，学歴や出身階層といった社会的バックグラウンド，知能指数やパーソナリティといった認知・心理的特徴などに注目し，優れたリーダーに共通する特性を明らかにしようとした。

　しかしながら，こうした研究を通してみてみると，ある特性が優れたリーダーに一貫してみられるということは必ずしもいえないことに加え，組織のパフォーマンスによい影響を与えるかどうかに関しても一貫した傾向はみられなかったのである。このように特性アプローチ初期の研究は，必ずしも優れたリーダーを説明する特性を発見するのに成功しているとはいえない。

2. 1940年代以降の特性アプローチ

　特性アプローチが成果をあげ始めたのは，後に登場したパーソナリティの5因子モデルの登場以降である。5因子モデルは人間のパーソナリティが，外向性，協調性，誠実性，神経症傾向（情緒安定性），経験への開放性の5つの因子の組み合わせから構成されるとするモデルである (Barrick & Mount, 1990)（第2章パーソナリティを参照）。その後の研究で，優れたリーダーに共通する要素として「外向性」が高いことが明らかになった。また，「外向性」ほど共通性は高くないが「協調性」や「神経症傾向（情緒安定性）」も共通して確認される要素であることが指摘されており，これらはその後の研究でも一貫した結果がみられている。

　また，McClelland & Burnham (1976) が論じた欲求構造とリーダーシップの関係性に関する研究も，一定の評価を得ている。彼らによると仕事に関連する欲求には，以下に具体的に示される達成欲求，権力欲求，親和欲求の3つがある。

1. 達成欲求：今まで以上に優れて，かつ効率的に物事を達成したいという欲求 (McClelland & Burnham, 1976：訳91)。
2. 権力欲求：（権力を振りかざしたいということではなく）前向きなインパクトを与え，強い立場から影響力を行使したいという欲求 (McClelland & Burnham, 1976：訳95)。
3. 親和欲求：部下に好かれたいという欲求 (McClelland & Burnham, 1976：訳95-96)。

　McClelland & Burnham (1976) は，権力欲求が強く，親和欲求が弱い人間がリーダーとして適していることを指摘した。達成欲求が強い人物の場合，一般的に個人としての業績が高いため，他の人よりも昇進が早いことが多い。しかしながらそうした人がリーダーになった場合，その組織や集団の仕事を自分一人でこなそうとする傾向が強いため，必ずしもチームとして高い成果を出すことができるわけではない。また，親和欲求が強く，部下から好かれたいという思いを強くもつ人物もリーダーとしては適さない。官僚制の議論でもいわれる

通り，例外を認めることは組織の効率的な運営を妨げる。親和欲求が強いリーダーは，メンバー個々人の事情を勘案しようとするあまり，メンバーからの例外的な要求に応えてしまう傾向が強い。このようなことは，組織の効率性を落とすと同時に，他のメンバーの目には不公平に映り，モチベーションを低下させるからである。

McClelland & Burnham (1976) は，優秀なリーダーに不可欠なのは権力欲求であると主張する。リーダーとして期待されるのは，自分一人で優れた業績をあげることよりも，集団や組織として高い業績をあげることである。また，そのためにはフォロワーに対して働きかけ，責任感やモチベーション，モラール（士気）を高める必要がある。権力欲求が強いリーダーは組織をより効率的なものにし，目標を達成するためにメンバーに働きかけ，チームとして高い成果を出すことに関心がある。彼らの調査でも，権力欲求が強いリーダーは他のリーダーよりも部下のモチベーションやモラールを高めることが明らかになっている。

このように，1940年代以降は優秀なリーダーに共通する特徴がいくつか明らかになっている。しかし，このアプローチには実践的な課題も残る。先天的な，もしくは企業組織に入る以前に身につけられた特性によってリーダーの優劣が決まるとするならば，組織はどのようにリーダーを育てることができるのだろうか。特性アプローチは，リーダーの選考を可能にすることはできるが，リーダーを育てるという実務において重要な課題には応えていない。

Ⅲ．行動アプローチ

1940年代後半から研究者たちの関心はリーダーの特性からリーダーの行動へと移っていった。この行動への関心は，実務家たちにとっても重要な貢献をもたらした。特性アプローチでは，特定の特性をもつ人物がリーダーとして優れていることを明らかにし，組織が指導的地位に任命する人物を選考する際の情報を提供することに関心があった。一方で，これから説明する行動アプローチは，優れたリーダーに共通する行動を明らかにすることを通して，リーダーの育成

を可能にしたという点で大きな貢献をもつ。なぜなら、特性と異なり、行動は後天的なトレーニングによって身につけることができるためである。

1. アイオワ研究

行動アプローチの先鞭となったのは、Lewin（Lewin, K.）や彼の研究を精緻化させた Lewin et al.（1939）によるアイオワ研究である（アイオワ州立大学で行われたためこの研究はアイオワ研究と呼ばれている）。この研究では、意思決定や仕事におけるフォロワーとの接し方、メンバーが遂行した仕事に対する評価といった要素を用いて、専制型（autocratic）、民主型（democratic）、自由放任型（laissez-faire）の3種類にリーダーシップ・スタイルを分類し、各スタイルと生産性の関係について論じた。それぞれのスタイルについては、図表6-1に示されている。

結果としては、フォロワーとよく対話をしながら方針や作業、分担を決める

図表6-1　Lewin et al.（1939）のリーダーシップ類型

	専制型	民主型	自由放任型
集団活動の方針	方針はすべてリーダーが決定。	方針は集団のディスカッションによって決まる。リーダーは補助をする。	リーダーは無関与で、メンバー個々人もしくは集団が決定する。
仕事の見通し	メンバーはその先のステップは知らない。	議論によって決めさせる。リーダーはその仕事をするための方策について2～3の選択肢を提示する。	メンバーから求められた時にのみ情報を提示し、そのとき以外には関与しない。
仕事の分担	リーダーがタスクや仕事の分担を指示。	メンバー間の議論によって仕事の割り振りが決まる。	リーダーは無関与。
メンバーの仕事に対するリーダーの評価	リーダーの主観によって判断する。	客観的もしくは事実に即して判断する。	メンバーから聞かれない限り、口はほとんど出さない。

出所）Lewin et al.（1939：273）を一部改編

民主的スタイルが最も高い生産性をもたらすことが指摘された。このアイオワ研究は，リーダーシップを行動という側面から分類したという点にその貢献があり，その後のリーダーシップ研究に大きな影響を与えた。

2. ミシガン研究

アイオワ研究に刺激を受けたミシガン研究では，業績の高い部門と低い部門のリーダーを比較し，その行動にどのような違いがあるのかを明らかにしようとした。比較の結果，リーダーは「従業員志向型」と「生産性志向型」の2種類に分類できることが明らかになった (Likert, 1961)。従業員志向型リーダーとは，部下との人間関係を重視し，部下の欲求に関心をもったり，個性の違いを受け入れたり，部下を強く信頼し権限を委譲するリーダーである。一方，生産性志向型リーダーは集団のタスクを達成することに関心があり，仕事の方法や進め方に指示を出し，計画を厳守させることを重視するリーダーである。

これら2種類のリーダーと業績との関連であるが，リーダーが従業員志向型の集団は生産性が高く，メンバーの満足度も高かった。一方で，リーダーが生産性志向型であった場合は，生産性は低く，満足度も低かったことが明らかになった。

ミシガン研究で明らかになったリーダーの従業員志向型と生産性志向型というリーダー行動の分類の考え方は，表現こそ違えど，その後の行動アプローチで共通して採用されており，このアプローチを大きく発展させた。

3. オハイオ研究

一方，ほぼ同時期にオハイオ州立大学では，Shartle (1950) が中心になり大規模な調査が行われた (Bass & Bass, 2009)。オハイオ研究と呼ばれるこのプロジェクトには，心理学，社会学，経済学，教育学など多様な分野から研究者が参加し，多様な側面からリーダーシップについての検討が行われた (Schriesheim & Bird, 1979)。

オハイオ研究の結果，「配慮」(consideration：ミシガン研究の従業員志向に相当する)

と「構造作り」(initiating structure：ミシガン研究の生産性志向に相当する）の2つがリーダーシップを分類する軸として導出された (Fleishman, 1973)。この2つの軸から，リーダーシップ・スタイルは，①低構造・低配慮，②低構造・高配慮，③高構造・低配慮，④高構造・高配慮の4つに分類され，このうち4番目の高構造・高配慮 (Hi-Hi型といわれる) が，最も高い生産性をもたらすということが指摘された。先に述べたミシガン研究では，従業員志向と生産性志向はトレードオフの関係にあり，リーダーは「従業員志向型タイプ」もしくは「生産性志向型タイプ」のどちらか一方に分類された。一方，このオハイオ研究では，2つの軸から4つのスタイルに分類されたのである。

4. マネジリアルグリッド

オハイオ研究で採用された配慮と構造作りの2軸によりリーダーシップを分類するという考え方は，それ以降の行動アプローチにおいても多く採用されている。こうした考え方を精緻化させ，マネジリアルグリッドというモデルを提示したのが Blake & Mouton (1964) である。彼らは，「人間に対する関心」（ミシガン研究の従業員志向やオハイオ研究の配慮に相当する）と「業績に対する関心」（ミシガン研究の生産性志向やオハイオ研究の構造作りに相当する）の2つの軸を用いて，

図表 6-2　マネジリアルグリッド

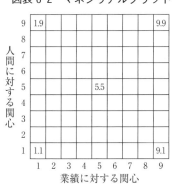

出所）Blake & Mouton（1964：訳14）をもとに筆者作成

第6章　リーダーシップ

図表6-2に示されている通り，リーダーシップ・スタイルを9×9に分類した。その上で，人間に対する関心と業績に対する関心の両方が高く，協力的なチーム活動を通じ，独創性と高い生産性とモラールとを統合する9.9型が最善のリーダーシップ・スタイルであると主張した。

5. Bales & Slater の研究

オハイオ研究や Blake & Mouton（1964）では，リーダーが人間に対する関心行動と業績に対する関心行動の両方を積極的に行うことの重要性が指摘された。一方，これらの機能を2人のリーダーで役割分担する方が効果的であることを示唆しているのが Bales & Slater（1955）の研究である。彼らは「社会・情動的機能」(Blake & Mouton でいう人間に対する関心) と「課題機能」(Blake & Mouton でいう業績に対する関心) というリーダーに求められる2つの機能の間には葛藤があると考えた。例えば，仕事に関する指示やノルマを口うるさくいうことと，メンバー個々人の心理的なサポートを一人の人間が同時に行うのは必ずしも簡単ではないだろう。そこで，彼らは社会・情動領域の専門家と課題領域の専門家という2人のリーダーが協力しながら組織をマネジメントすることが望ましいケースも存在することを主張したのである。

このように行動アプローチは，優れたリーダーの行動に着目し，リーダーシップの効果について検討を行った。多くの研究においてリーダーの行動を配慮と構造作りといったように2つの軸からリーダーシップが分類され，その有効性を明らかにされた。リーダーの行動に着目したことにより，リーダーシップを発揮することが期待される立場に立った人間がそういった行動を努力によって身につけたり，組織がリーダーを育成したりすることが可能になったという点に関しては実務的にも大きな貢献といえるだろう。

6. 行動アプローチの貢献と限界

一方で，行動アプローチには限界も存在している。リーダーシップ・スタイルと業績の間に一貫した関係性を見出すことができなかった点である。例えば，

マネジリアルグリッドでは9.9型が唯一最善のリーダーシップ・スタイルであるということが主張されたが，研究によっては9.1型や1.9型のリーダーが最も高業績を出すケースもみられたのである。こうした結果から，行動アプローチが探求してきた「唯一最善のリーダーシップ」は実は存在せず，状況によって適したリーダーシップは異なるのではないだろうかという疑問が浮かび上がった。

Ⅳ．コンティンジェンシーアプローチ

　コンティンジェンシーアプローチは，リーダーが直面する状況を分類し，状況ごとにどのようなリーダーシップ・スタイルが有効なのかについて検討するアプローチである。つまり，唯一最善のリーダーシップ・スタイルは存在せず，その状況に応じてリーダーシップ・スタイルを使い分ける必要があるという前提のもとに研究が行われてきた。

1. 状況好意性理論

　Fiedler（1967）は，状況好意性という視点からリーダーシップについて論じた。状況好意性は，その状況がリーダーにとってどのくらい好ましいかを意味し，① メンバーとの関係性（メンバーがリーダーに対して抱く，信用や信頼，尊敬の程度），② 課題の明瞭性（その組織もしくは集団が目標を達成するためにやらないといけないことがはっきりしているか否か），③ 職位パワー（メンバーの雇用，解雇，昇進などに対してリーダーがもつ影響力）の3要素によって決まる。なお，① メンバーとの関係性が状況の好意性を決める際に最も重要な要素で，② 課題の明瞭性がその次に重要な要素となる。

　一方で，リーダーシップに関してはLPC（Least Preferred Coworker）テストによってリーダーシップ・スタイルを2つに分類した。LPCテストとは，自分が最も苦手とする同僚に対してどのように接するかを測定するテストで，苦手な同僚ともうまくやろうとする「LPCが高い」リーダーは人間関係志向型，

特にうまくやろうとはしない「LPCが低い」リーダーは課題達成志向型リーダーに分類される。

図表6-3は状況好意性と有効なリーダーシップ・スタイルの関係性に関するFiedler (1967) の主張をRobbins (2018) がまとめたものである。Fiedler (1967) は，1,200以上の集団を調査した結果，リーダーにとって好ましい状況もしくは好ましくない状況においては課題達成志向型リーダーが，普通程度の状況においては人間関係志向型リーダーが高い業績を出すという結論を導き出した。

しかしながら，この理論に対する批判も多い。そのひとつは，LPCテストによるリーダーシップ・スタイルの分類に対する批判である。LPCテストの質問項目は極めてシンプルなものであり，このテストの結果からその人のリーダーシップ・スタイルを予測することは不適切なのではないかという批判がされている。もう1つは，状況とリーダーシップ・スタイルと業績の関係性に関する批判である。具体的には，リーダーにとって好ましい状況もしくは好ましくない状況においてなぜ課題達成志向型が有効なのか，また，普通程度の状況においてなぜ人間関係志向型が有効なのかに関して必ずしも説得力のある説明

図表6-3　状況好意性とリーダーシップ・スタイルと業績の関係性

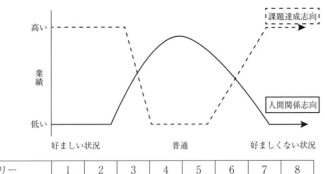

カテゴリー	1	2	3	4	5	6	7	8
メンバーとの関係	良い	良い	良い	良い	悪い	悪い	悪い	悪い
仕事の明瞭さ	高い	高い	低い	低い	高い	高い	低い	低い
職位の権限	強い	弱い	強い	弱い	強い	弱い	強い	弱い

出所）Robbins（2018：220）をもとに筆者作成

ができていないという指摘である。

　このように彼の研究に対して疑問を差し挟む余地は大きい。しかし，この研究は，リーダーシップ・スタイルの有効性を状況変数との関係性の中で論じたことに大きな貢献があり，これ以降のコンティンジェンシーアプローチの発展に大いに寄与したことは事実であろう。

2. SL 理論

　Hersey & Blanchard（1969）や Hersey et al.（1996）は状況変数として，部下のレディネス（Readiness）に着目し，SL（Situational Leadership）理論を提唱した。レディネスとは「特定課題の達成に対するフォロアーの能力と意欲の程度」(Hersey et al., 1996：訳204)と定義され，その課題を「担当し，遂行する用意がある（つまり，レディ）」(Hersey et al., 1996：訳204)ことを意味する。彼らの主張は，能力や意欲の低い部下に対して有効なリーダーシップ・スタイルと，能力も意欲も高い部下に対して有効なリーダーシップは異なるということを示唆している。

　図表6-4にあるように，部下のレディネスは能力も意欲も低いR1から能力も意欲も高いR4まで4つに分類される。一方，リーダーシップ・スタイルは協労的行動（支援的な行動を示す）と指示的行動（ガイダンスを与える）の2軸によって4つに分類され，レディネスとリーダーシップ・スタイルの関係性が論じられた。

　部下のレディネスが最も低いR1の場合，リーダーは，協労的行動はとらず，指示的行動を与える教示的スタイル（S1）がよいとされている。そこから一段階部下のレディネスが上がるR2では，協労的行動も指示的行動もとる説得的スタイル（S2）が，さらにもう一段階成熟したR3では，指示的行動を減らし，協労的行動を高い次元で行う参加型スタイル（S3）が有効である。そして，部下のレディネスが最も高いR4では，リーダーは協労的行動も指示的行動もほとんどとらず，部下に仕事を任せる委任的スタイル（S4）が最も効果があるということを明らかにした。

　SL理論は広く支持されているが，それにはこの理論が部下を育成するという視点を含んでいることが大きな理由としてあげられる。つまりSL理論に従

図表 6-4 部下のレディネスとリーダーシップスタイルの関係性

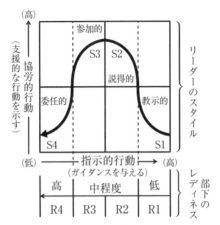

出所）Hersey & Blanchard（1988：171）をもとに筆者作成

ってリーダーシップを発揮することにより，レディネスが低い部下には具体的な指示を与えながら仕事を覚えさせたり能力を向上させたりし，レディネスの向上とともに意思決定への参加を促し，最終的には権限を委譲しても問題ない一人前に働ける人材を育成できることが期待できる。

3. パスゴール理論

　House（1971）は，部下のモチベーションをマネジメントするという視点からパスゴール理論を提唱した。このパスゴール理論は，第4章（モチベーション）で説明したVroom（1964）の期待理論やLocke & Latham（1984）の目標設定理論とリーダーシップのコンティンジェンシーアプローチを組み合わせた理論であると理解できる。この理論の基本的なコンセプトは，魅力的な目標（ゴール）を提示し，その目標達成のための経路（パス）を示すことでフォロワーのモチベーションを引き出し，業績を向上させるのがリーダーの務めであるというものだ。

　House & Mitchell（1974）はリーダーシップ行動を以下の4つに分類した（327-328）。

1. 指示型：メンバーが何をしなければいけないかを教え，仕事のスケジュールを設定する。また，タスクの達成方法や方針，ルール，手順などを具体的に指示する。
2. 支援型：部下の心理状態に関心を示し，親しみやすく，心理的な支援をする。
3. 参加型：メンバーを意思決定に参加させる。決定を下す前に部下に相談をし，部下の提案を活用する。
4. 達成志向型：挑戦的な目標を設定し，その目標を達成できるような改善方法を探す。また，高い業績を部下が達成できると自信を付与し，部下が全力を尽くすように働きかける。

これらのリーダーシップのうちどれが有効かは環境条件（タスク構造，公式の権限体系，ワークグループなど）と，部下の条件（ローカスオブコントロール，経験，認知されている能力など）という2種類の変数に依存する。上記のリーダーシップ行動とこれら2つの変数に関して，これまで以下のようなことが明らかになっている（House, 1996：336-337）。

1. 指示型
   ・タスク構造が曖昧な時，指示的行動はタスクを明確にし，部下の満足度とモチベーションを高める。
   ・部下が自分のもつタスクに関する能力が高いと認識する時，指示的行動は受け入れられなくなる。
   ・タスクが明瞭であるが部下にとって満足ではない時，指示的行動は過度に管理的であるとみなされ，部下のモチベーションを低下させる。
2. 支援型
   ・部下のタスクや仕事環境が危険かつ単調でフラストレーションが溜まるような場合，支援型リーダー行動はリーダーと部下の関係性をよりよくし，部下の自信を高め，ストレスと不安を和らげることによって，部下の努力を引き出し，満足を増加させる。

- タスクから内発的満足が得られない、もしくは環境条件からストレスを受けない場合、部下の満足やモチベーション、パフォーマンスに対する支援型リーダーシップの影響はほとんどない。
3. 参加型
  - 部下が意思決定やタスクに熱中しており、求められる意思決定やタスクが不明確な場合、参加型リーダーシップは部下の満足度やモチベーションを高める。
  - タスクが曖昧である場合、自律や自己決定を強く望む部下にとって、参加型リーダーシップはモチベーションを高める。
4. 達成志向型
  - 部下が個人的責任をもち、彼らの仕事をコントロールしている時、達成志向型リーダーシップが効果的である。
  - 部下の達成欲求が中程度もしくは強い時、達成志向型リーダーシップは部下のモチベーションを最も高める。
  - 達成志向型リーダーシップは、高い業績を出すことに対する誘意性を高め、中程度もしくは強い達成欲求をもつ部下の内発的満足度を高める。

これらパスゴール理論の仮説はおおむね支持されている。このようにパスゴール理論では、リーダーシップ行動を環境条件、部下の条件という2種類の変数との関係性の中で論じている。Fiedler (1967) は環境条件とリーダーシップ、Hersey & Blanchard (1969) は部下の条件とリーダーシップについて論じたが、House (1971) はそれら両方の種類の変数をより詳細に論じた点に貢献があると理解することができる。

4. コンティンジェンシー理論の貢献と限界

コンティンジェンシー理論では、状況変数に着目することによって行動アプローチの議論よりも詳細で説明力のある議論を展開してきた。しかしながら、コンティンジェンシーアプローチにも依然として限界は存在する。実践的な視

点から指摘される問題点のひとつはリーダーシップ・スタイルの使い分けに関するものである。コンティンジェンシーアプローチではその状況に応じてリーダーシップ・スタイルを使い分けることが業績向上に結びつくと主張されているが，実際にそうした使い分けはそれほど容易ではない。

また，この章で取り上げた研究は，いずれもリーダー（上司）に着目し，有効なリーダーシップを探求してきた。コンティンジェンシー理論ではフォロワー（部下）も議論の対象にあがるが，それはあくまでも状況変数のひとつとしてのフォロワーであり，フォロワーはリーダーから一方的に影響を受ける存在としてとらえられてきた。しかし，実際のフォロワーは感情や認知能力をもっているため，リーダーのことやリーダーシップを評価し，その人に従うのかを決めたり，リーダーとの相互作用の中で自らの態度や行動を変容させていくこともある。そこで，以降は，1980年代に登場したフォロワーの感情や認知能力を前提とした研究や，リーダーとフォロワー相互作用に注目した研究を取り上げる。

V．カリスマ・変革型リーダーシップ

上述の通り，実際のフォロワーは感情をもつため，リーダーがフォロワーの感情を奮い立たせ組織目標の達成に向けて動かすのもリーダーシップの重要な側面である。そうしたフォロワーの感情をリーダーシップの要因としてとらえるのがカリスマ的リーダーシップ論や変革型リーダーシップ論である。

カリスマ的リーダーシップと変革型リーダーシップの違いについては議論があるが，House & Shamir（1993）は「変革型リーダーシップ」という言葉は，カリスマ的リーダーの特定の効果に言及するときに使用されると論じている。本章では，House & Shamir（1993）に従い，変革型リーダーシップをカリスマ的リーダーシップの一側面として取り扱う。

1. カリスマ

　カリスマという概念を社会学にもち込んだのは Weber（1956）である。彼は社会を支配する類型として，合法的支配，伝統的支配，カリスマ的支配の3つをあげた。合法的支配とは「形式的に正しい手続で定められた制定規則によって，任意の法を創造し・変更」(Weber, 1956：訳33) することによる支配である。人々は，他の個人に対して服従するのではなく，法律や制定された規則に対して服従することにより，支配―被支配の関係性が生じる。また，伝統的支配とは，家父長制や身分制度による支配のように，「昔から存在する秩序と支配権力との神聖性，を信ずる信念」(Weber, 1956：訳39) にもとづいた支配である。そして，カリスマ的支配は，「支配者の人と，この人のもつ天与の資質（カリスマ），とりわけ呪術的能力・啓示や英雄性・精神や弁舌の力，とに対する情緒的帰依」(Weber, 1956：訳47) によって成立する支配である。

　カリスマ的支配は，このカリスマ，つまり，個人的で非日常的な資質に対する情緒的帰依によって成立する。したがって，カリスマ的支配が成り立つのは被支配者が支配者の英雄性や指導力に対して強い信頼を抱いている間だけで，そうした信頼が失われたとき支配は崩壊する。こうしたカリスマを背景に，多くの人々を感情的に惹きつけ，人々を率いるのがカリスマ的リーダーシップである。

2. カリスマ的リーダーシップ

　カリスマ的リーダーと呼ばれる人々は，どのような特徴をもっているのだろうか。Conger & Kanungo (1998) は，カリスマ的リーダーには図表6-6のような5つの特徴をもつことを指摘した。カリスマ的リーダーは人々が何を求めているのか，また，現在自分や組織がどのような状況に置かれているのかに対して意識を向ける。こうした人々の欲求，あるいは状況からの要請を受け，この社会あるいは自分たちの組織がどうあるべきかに関するビジョンを打ち立てる。カリスマ的リーダーは，現在の秩序にとらわれないビジョンをフォロワーの感情を引き出しながら彼らに伝える。キング牧師，スティーブ・ジョブズ，本田

図表6-5　カリスマ的リーダーの5つの特徴

メンバーの欲求への感受性 　フォロワーのニーズや感情に対して敏感であることを示す。また，相互に尊敬し合える関係性を作ることによって他者に影響を与える。
環境への感受性 　制約条件となる物的，社会的，文化的環境や組織メンバーのスキルや能力，あるいはそれらの限界について認識する。
戦略的ビジョンの創造と表明 　メンバーを鼓舞するような戦略的，組織的目標を提示する。未来に対するビジョンをもち，そうしたビジョンを人々に語る。
個人的リスク 　組織のために個人的リスクを取り，コストを払うことを厭わない。
型にはまらない行動 　組織目標の達成のために，これまでの習慣にとらわれず，型にはまらない行動をとる。また，組織のメンバーを驚かせるようなとてもユニークな行動をみせる。

出所）Conger & Kanungo（1998：94）をもとに筆者作成

　宗一郎といったカリスマ的リーダーが国民や従業員にこうしたビジョンを演説という形で伝えたという逸話を耳にしたことがある読者も少なくないだろう。また，こうしたカリスマ的リーダーたちは目標の達成のためには時に大きなリスクを引き受け，既存の常識にとらわれない大胆な行動に出ることも多い。このようなヒーロー的な行為に多くの人々は憧れを抱き，情緒的な支持を表明するのである。

　こうしたカリスマ的リーダーは，組織やフォロワーにどのような影響を与えるのだろうか。Conger & Kanungo（1998）は，組織ないし集団レベルとフォロワー個人レベルの2つのレベルにおけるカリスマ的リーダーの効果を指摘した。まず，組織ないし集団レベルでは，内的凝集性の強化，内的コンフリクトの減少，価値観の共有度合いの向上，高いコンセンサスが形成されることの4点をあげた。また，フォロワー個人レベルでは，リーダーとの関係において，リーダーへの尊敬，リーダーへの信頼，リーダーへの献身がみられるようになること，またタスクに関連して，ワークグループの凝集性の強化，タスクパフォーマンスの向上，高いレベルのエンパワーメントをあげている（Conger & Kanungo, 1998：50）。

3. 変革型リーダーシップ

　また，カリスマ的リーダーにはそのカリスマ性をベースに組織を変革させるという側面も存在する。こうした「変革が必要なことをはっきりと述べ，新しいビジョンを創出し，こういったビジョンの遂行に必要なやる気を引き出し，そして最後には組織を変革させる」(Tichy & Devanna, 1986：4，訳6) 人物のことを変革型リーダーと呼ぶ。Bass & Avolio (1993) は，図表6-6にあるような4

図表6-6　変革型リーダーの4つのI

カリスマ：理想化された影響 (Charisma: idealzed influence)	
ミッションと当事者意識を結びつけるように伝える。	危機に「正面から」対処する。
フォロワーに献身を示す。	危機的状況において緊張を緩和する。
フォロワーのもつ希望や願望に訴える。	他者の利益のために自己利益を犠牲にする。
モチベーションの鼓舞 (Inspirational motivation)	
フォロワーに彼らが思っている以上のパフォーマンスを可能にする能力が備わっていることを気づかせる。	挑戦課題を明確に示すことにより期待感を高める。
他者に努力するように模範を示す。	思いがけない機会を利用して先のことを考える。
未来に対する楽観的で達成可能な見通しを示す。	行動の意味を伝える。
知的刺激 (Intellectual stimulation)	
フォロワーに彼らの仮説を再検討することを促す。	思考の変化を促すために準備をする。
過去の例を取り上げ現在の問題に応用する。	問題に対して異なる角度から取り組めるように全体的な絵を描く。
フォロワーが問題を再確認することを促す。	馬鹿げていると思えるアイデアにも熱心に傾聴する。
個別の配慮 (Individualized consideration)	
個々人の強みと弱みを認識する。	個人の裁量を能力と欲求に応じて拡大する。
他者の幸福に関心を示す。	双方の意見交換を促す。
個々人の能力と欲求にもとづいて仕事を割り振る。	自己開発を奨励する。

出所）Bass & Avolio (1993) Section4, para.1-4 と Table3.1 をもとに筆者作成

つのIを用いて組織をあるべき姿に変革させる人物を変革型リーダーと呼んだ。変革型リーダーシップの議論においても，リーダー個人のもつカリスマ性を中心としてリーダーによる変革が論じられている。

4. 変革型リーダーシップとストーリーテリング

近年，変革型リーダーシップにおけるストーリーテリング（物語ること）が注目されている。Tichy & Devanna（1986）や Bass & Avolio（1993）の議論は，組織を変革させる上で，リーダーが変革の必要性やビジョンを提示したり，フォロワーのモチベーションを鼓舞したりすることの重要性を主張している。こうしたことをする際の具体的手法として，また，リーダーシップを研究する際の新たな視点としてストーリーテリングが注目されている。

Denning（2007）は組織を変革させる場面など，フォロワーにこれまでの方法を放棄し，新しい方法に熱意をもって持続的に取り組むよう説得しようとする時は伝統的なコミュニケーションのモデルは不適切であることを主張した。伝統的な通常，企業や大学で行われる常識的で合理的なコミュニケーションは，①取り扱う問題について明確化し，②次に問題の分析を通じて選択肢を提示，③そして最後に好ましい解決法という結論を出すという3段階を踏む。しかし，フォロワーが変革に反対していたり，大きな抵抗感をもっていたりする場合，確証バイアス（自分の思考や信念，仮説に反する情報を無視する心理的バイアス）により，こうした合理的な説得はむしろ否定的な感情を強めてしまう。

変革を成し遂げるには，①聞き手の関心を引き，②関心を自発性に変え，③理由を示し自発性をさらに強固なものとするといった3段階を踏み，フォロワーの感情に訴える必要性があることを Denning（2007）は主張する。まず，聞き手の関心を引くためには，聞き手にとって重要かつ現状否定的なストーリーを語ることが効果的である。このようにして聞き手がリーダーの話を聞く姿勢を作ることが最初のステップである。しかし，こうしたネガティブなストーリーは心配や不安によって聞き手の関心を引くが，変革への自発性を引き起こすことはない。そこで次に，行動につながる強い思いを引き出すために将

来に関するポジティブなストーリーを語ることが必要だ。リーダーは聞き手との間に心情的な絆を作り，未来への熱い想いを引き出さなければならない。そして，変革に向かう気持ちが醸成された次の段階で，何をどう変革するのか，いかにして変革を実行するのか，変革すればなぜ物事がうまくいくのかについてのストーリーを語り，変革への自発性をさらに強固なものにすることが重要である。

　上記の Denning (2007) の議論は，リーダーとフォロワーのコミュニケーションにおける知識観を転換したことにその意義がある。高橋 (2010) によると，従来の研究は，知識を，理論的プレゼンテーションによって，正確に伝達することが可能なものとしてみなしていた。他方，Denning (2007) の議論は，知識は伝達するものではなく，話し手と聞き手の間で構築されるものであり，ストーリーテリングは，聞き手が組織のコンテクストの中で考えを巡らし，知識を構築するきっかけを与えるものである (高橋, 2010)。つまり，リーダーの役割を，フォロワーの感情を引き出しながら彼らにストーリーを語り，彼らとの間で組織の現状やあるべき姿に関する知識を再構築することを通して変革することであるととらえなおしたことに Denning (2007) の貢献がある。

VI. リーダーシップと社会的構成主義

1. リーダーシップの社会的構成

　リーダーシップという現象は，その影響力の受け手がいてはじめて発現する。いくらリーダーとされる人物が自分を信じてついてくるように言ったとしても，フォロワーがそのリーダーを信じずついていかなければリーダーシップが発揮されているとは言い難いだろう。こうした考え方は，古くは Barnard (1938) の権限受容説や Selznick (1957) の制度的リーダーシップの中にも表れている。

　しかし，こうした影響力の受け手に注目する研究は，1980年代後半まで影をひそめることとなる。IIからIV節で紹介した理論はいずれも，リーダーの特性，リーダーの行動，リーダーの行動と状況といったように公式的地位にいる

リーダーに焦点を当て研究が行われてきた。Hersey & Blanchard (1969) の SL 理論では，部下（のレディネス）に言及しているものの，あくまでも部下は状況変数のひとつであり，部下の主体性やリーダーに対する認識が十分に検討されていたとはいいがたい。例えば，部下のレディネスが高いという「状況」では，リーダーは協労的行動も指示的行動も最低限に留めるべきであるといったように，特定の状況でのリーダーシップ・スタイルが議論されていたにすぎない。

フォロワーに注目してリーダーシップが研究されるようになった最大の契機として理解されているのが Meindl et al. (1985) の "The Romance of Leadership" という論文である。彼らはこの論文において，組織における重要な結果に関して，その因果関係がはっきりとしないとき，フォロワーはその原因をリーダーシップに主観的に帰属させる傾向があることを指摘した。加えて，彼らはフォロワーが，定量的手法によって測定されるようなリーダーの「本当の」特性や行動にではなく，フォロワーの中で主観的にイメージされたリーダーの特性や行動に反応し，影響を受けることを明らかにした。この事実を受けて，Meindl (1995) はリーダーシップの社会構成主義アプローチを提唱した。

社会構成主義とは，現実が客観的に存在するという自明の知識を批判し，歴史，文化に依存しながら人間どうしの相互作用によって構築された現実が，人間の行為を規定すると考える立場である。例えば Burr (1995) は①自明の知識に対して批判的なスタンスをとる，②知識は歴史的および文化的なものに依拠すると考える，③知識は社会過程，つまり人々の日常的相互作用を通じて作り上げられる，④知識は我々の社会的行為を規定する，といった考え方を採用する立場を社会構成主義として定義している (Burr, 1995：3-5, 訳4-7)。

リーダーシップにおいても社会構成主義の立場からの研究が行われている。これらの研究は，リーダー自身の特性や行動などがフォロワーの考え方や行為を決定づけるという考え方を避け，リーダーシップをリーダーとフォロワーの間の相互作用を通して現れる現象としてとらえている (Fairhurst & Grant, 2010)。つまり，フォロワーを単にリーダーシップの一方的な受け手としてではなく，リーダーやリーダーシップを認識・評価し，リーダーとの相互作用を通して

リーダーシップという現象をリーダーとともに作り上げていく能動的な主体としてとらえるのである (Meindl, 1995)。

2. 構成主義によるカリスマのとらえ方

カリスマ的リーダーシップも社会構成主義の立場から研究がなされている。先述の通り，カリスマはフォロワーからの情緒的帰依によって成立する。つまり，カリスマ的リーダーシップはフォロワーたちが「あの人は他の人とは異なるすばらしい才能や能力があり，この組織をよい方向に導いてくれるに違いない」といった認識を共有することによって社会的に構成されるのである。

そうであるならば，フォロワーからのカリスマをもった人物としてのイメージを作り上げることもカリスマ的リーダーにとっては重要な事柄である。Gardner & Avolio (1998) は，フォロワーからのイメージを構築するためのカリスマ的リーダーの戦略的行動について論じた。彼らは，カリスマ的リーダーはフォロワーからのイメージを形成するためにインプレッションマネジメント (impression management) を戦略的に行っていることを指摘した。カリスマ的リーダーは将来や自らに対する意味を形成し，自身のカリスマ的リーダーとしてのアイデンティティを形成することによってカリスマ的リーダーとフォロワーという関係を形成していくことを明らかにした。加えて，この関係性は静的なものではなく，常に流動的で動的なものであるとした。

また，こうしたカリスマとしてのイメージは，フォロワーの間で広がっていくことも報告されている。Bligh et al. (2011) は，カリスマ的リーダーに対するフォロワーの認知や評価は，そのリーダーに関する逸話や武勇伝を媒介として社会的に伝染していくことを指摘した。リーダーが直接フォロワーに働きかけなくても，フォロワーどうしが相互作用することによってカリスマリーダーに対するイメージは伝染し，共有される。そしてこのことによってある人物のカリスマは維持されたり強化されたりしていくことがある。

このように，リーダーを社会的構築物としてとらえる視点は，リーダーシップを従来とは異なる側面から理解するきっかけを提供し，現在も研究が増え続

けている。加えてこうした視点は，実務家が有効なリーダーシップを発揮するうえで，フォロワーとの関係性を築くことの重要性に対する強い根拠を与えており，実務界に対してもインパクトを与えている。

Ⅶ．リーダー・メンバー交換理論（Leader-Member Exchange：LMX）

これまで説明してきたように，リーダーシップとはリーダー単独では成立しない現象である。フォロワーからの情緒的帰依やイメージが重要であるならば，リーダーはフォロワーと良好な関係を築くことによってフォロワーからのポジティブな感情や協力を引き出しやすくなるだろう。このように，リーダーシップをリーダーとメンバー（フォロワー）の関係性から発現する現象としてとらえるのがリーダー・メンバー交換理論（以下，LMX 理論）である。

Graen & Uhl-Bien（1995）はリーダーシップを研究する際のアプローチを，リーダーベース，関係性ベース，フォロワーベースに大別し，LMX 理論を関係性ベースのリーダーシップ研究に位置付けた。関係性ベースの研究においてはリーダーシップを，リーダーとフォロワーの間の信頼，尊敬そして相互の義務としてとらえ，相互の学習と調和による強い関係性を構築することによってリーダーシップが成立すると考えられる。このように，LMX 理論は，リーダーとフォロワーの関係性に注目する。

LMX 理論においてフォロワーは，リーダーとの関係性に応じてイングループとアウトグループに分けられる。イングループとはリーダーと良好な関係が築けているフォロワー集団のことを指し，アウトグループはリーダーと良好な関係が築けていないフォロワー集団のことを指す（Graen & Uhl-Bien, 1991）。

リーダーとフォロワーが良好な関係を築くまでには，他人的関係，知人的関係，成熟した関係3つの段階を経ることが報告されている（Graen & Uhl-Bien, 1995）。第1の段階は他人的関係である。この関係におけるリーダーとフォロワーの相互作用は取引的・公式的なものにとどまる。リーダーはフォロワーに対して職務上必要な指示を与え，フォロワーはその指示をこなす。第2の段階

は知人的関係である。この段階では，リーダーとフォロワーは私的なやりとりもするようになる。そして第3の段階が成熟した関係である。この段階においては，リーダーとフォロワーは相互に強い信頼関係を抱き，お互いに尊敬や恩義を感じるようになる。

　リーダーとフォロワーが良好な関係を築くことは，リーダーにもフォロワーにも組織にもメリットがある。まず，フォロワーはリーダーに対するコミットメントを高め，仕事に対して積極的になり，より強い努力をする (Yukl, 2013)。一方，リーダーはフォロワーのキャリア形成に役立つ情報を提供したり，仕事における権限委譲をしたりする (鄭，2012)。そして，組織としても生産性の向上を期待できるため，リーダーとフォロワーの関係を良好にすることは非常に重要な課題となるのである。

Ⅷ．フォロワーシップ

　組織目標を達成するためにはリーダーシップの受け手であるフォロワーの貢献も必要となる。Kelley (1992) は，組織の成功を支える真の人的要因はフォロワーシップであるということを強調した上で，フォロワーに求められる行動を論じた。

　Kelley (1992) はフォロワーにはクリティカル・シンキングと組織や仕事に対する積極的な関与が求められると主張した。まず，組織が生き残るために，フォロワーはリーダーの考えに無批判で依存的であってはならず，クリティカル・シンキングをもつ必要がある。環境変化の激しい昨今，リーダーが技術や顧客ニーズなどの変化を十分に把握することはむずかしい。一般的に現場や顧客に近いフォロワーはそうした変化を比較的とらえやすいため，業務の改善や新たな製品，サービスなどを上司に提案したり議論したりすることが求められる。また一方で，組織や仕事に対して積極的に関与することも重要である。そもそも組織は一人の力量を超えることに対して複数人が協力して行うために必要とされる (Brown, 1947)。したがって，組織内の人間関係をよくすることを心

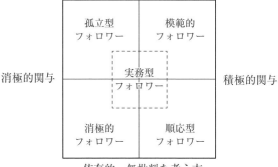

図表6-7　フォロワーシップスタイルの5類型

出所）Kelley（1992：訳99）

がけたり，他のメンバーを助けたり，協力しあったりといった行動も組織が成果を出していくためには必要なことなのである。このようにフォロワーにはクリティカル・シンキングと積極的な関与の2つが求められる。

　そしてKelley（1992）は，図表6-7にあるように，クリティカル・シンキング─依存的・無批判な考え方と積極的関与─消極的関与の2つの軸を用いてフォロワーを5タイプに分類した。フォロワーとしてもっとも好ましいのは独自のクリティカル・シンキングをもち，なおかつ積極的関与をみせる模範的フォロワーである。孤立型フォロワーは独自のクリティカル・シンキングはもつが，積極的関与はみせない。そのため，仮に組織にとって好ましいアイデアを提示しても聞き入れてもらえないケースがある。一方，積極的関与をみせるが独自のクリティカル・シンキングをしない順応型フォロワーはチームプレイヤーとして活躍してくれる可能性は大いにあるが，組織や仕事を大きく改善したり，画期的な商品やサービスを生み出したりするようなことは期待できない。

　また，Chaleff(1995)は，図表6-8にある5つの勇気をもった勇敢なフォロワーがリーダーシップを支え，そのバランスを保たせると主張した。その上で，彼

図表 6-8　勇敢なフォロワーに求められる 5 つの勇気

責任を担う勇気	自分自身と組織に対する責任を引き受ける。自分の価値を最大限に活かす機会を見つけ，つくり出す。共通目的や当事者としての責任を理解し，組織の対外的な活動や内部の仕事を改善する。
役割を果たす勇気	リーダーの力不足をうまく補える領域を察知し，自分に任せてほしいと申し出る。また，リーダーが組織の目標達成のためにやむをえず辛い決断を下した時にはそれを擁護する
異議を申し立てる勇気	リーダーや組織の行動，方針が自分の道義的観念と食い違う場合，自分の考えを表明し，対立を厭わない。組織の調和やリーダーとの関係を尊重するが，共通目的と自分自身の誠実さを犠牲にはしない。
改革に関わる勇気	共通目的の追求を脅かす行為が改まらない場合，改革の必要性を擁護し，リーダーや組織と団結して変革のプロセスに深く関わる。
良心に従って行動する勇気	共通目的を果たすためには，上司の命令に従わなかったり，さらにその上の上司にその不当さを訴えたりすることもある。

出所）Chaleff（1995：訳 12-14）をもとに筆者作成

図表 6-9　Chaleff によるフォロワーの類型

支援（高）

	実行者	パートナー	
判批（低）	頼りになる 協力的 気が利く 賛同する 擁護する チームを重視する 従順である 権威を尊重する リーダーの見解を補強する	目的に導かれる 使命を重視する 冒険的 人間関係を育む 自分と他者に責任を課す デリケートな問題に立ち向かう 長所と成長に重点を置く 権力と対等の関係を築く リーダーの見解を補完する	判批（高）
	従属者	個人主義者	
	ただ依存している 利用できる 予備の人手 特殊技能の持ち主 中立的 第一の興味はほかにある 最低限の義務は果たす 第三者に不満をこぼす 権力者の注目を避ける	対立的 素直 怖いもの知らず 独自の考えをもつ 現実主義 不遜 反抗的 孤立しがち 権力を恐れない	

支援（低）

出所）Chaleff（1995：訳 59, 61）をもとに筆者作成

はリーダーを支える度合い（支援）と，リーダーの言動や方針が組織の目的を危険に晒したり，その価値を損なったりした場合に異議を申し立てる度合い（批判）の2つの軸で，図表6-9にあるようにフォロワーを4つのタイプに分類した。そして，リーダーを精力的に支え，同時にリーダーの言動や行動に対して積極的に異議を唱える「パートナー」は勇敢なフォロワーの特性を多く備えていると指摘した。

　Kelley（1992）とChaleff（1995）はともにフォロワーを2つの軸で分類したが，考え方のかなりの部分は共通している。Kelley（1992）のクリティカル・シンキングとChaleff（1995）の批判という軸はいずれもリーダーの考えや行動に従属するのではなく，組織にとって正しいことを行うことの重要性を強調している。また，Kelley（1992）の関与とChaleff（1995）の支援の軸はいずれもリーダーや組織メンバーと協力し組織に貢献しようとすることの必要性を論じている。組織に大いに貢献するフォロワーになるためには，これら両方をバランスよく行う必要があるだろう。

さらに学習すべき事柄
・大規模な組織を率いたり，変革に導いたりするリーダーは，一体どのような人物か考えてみよう。
・実際の組織の事例で，2人以上のリーダーがお互いの能力を補い合って成功した事例を調べてみよう。

読んでもらいたい文献
坂田桐子・淵上克義（2008）『社会心理学におけるリーダーシップ研究のパースペクティブⅠ』ナカニシヤ出版

Denning, S. (2007) *The Secret Language of Leadership : How Leaders Inspire Action through Narrative*, Jossey-Bass. （高橋正泰・高井俊次監訳『ストーリーテリングのリーダーシップ―組織の中の自発性をどう引き出すか―』白桃書房，2012年）

引用・参考文献
Bales, R. F., & Slater, P. E. (1955) Role Differentiation in Small Decision-Making Groups, In Parsons, T., & Bales, R. F. (eds.), *Family, Socialization and Interaction Process*. The Free Press, Glencoe, Ill : 259-306. （山村賢明訳「小規模の意思決定集団に

おける役割文化」橋爪貞夫・溝口謙三・高木正太郎・武藤孝典・山村賢明訳『家族 核家族と子どもの社会化』2001年：348-409)
Barnard, C. I. (1938) *The Functions of the Executive*. MA : Harvard University Press. (山本安次郎・田杉競・飯野春樹訳『新訳　経営者の役割』ダイヤモンド社, 1968年)
Bass, B. M., & Avolio, B. J. (1993) Transformational Leadership : A Response to Critiques. In M. Chemers & R. Ayman (eds.), *Leadership Theory and Research : Perspectives and Directions*. Kindle Version retrieved from Amazon.com.
Bass, B. M., & Bass, R. (2009) *The Bass Handbook of Leadership : Theory, Research, and Managerial Applications*. (4th ed.). New York : Simon and Schuster.
Blake, R., & Mouton, J. (1964) *The Managerial Grid*. TX : Gulf Publishing Company.
Bligh, M. C., Kohles, J. C., & Pillai, R. (2011) "Romancing Leadership : Past, Present, and Future," *Leadership Quarterly*, 22 : 1058-1077.
Brown, A. (1947) *Organization of Industry*. Prentice-Hall (安部隆一訳『A. ブラウン　経営組織』日本生産性本部, 1963年)
Burr, V. (1995) *An Introduction to Social Constructionism*. London : Routledge. (田中一彦訳『社会構築主義への招待―言説分析とは何か―』川島書店, 1997年)
Chaleff, I. (1995) *The Courageous Follower*. CA : Berrett-Koehler Publishers. (野中香方子訳『ザ・フォロワーシップ―上司を動かす賢い部下の教科書―』ダイヤモンド社, 2009年)
Conger, J. A., & Kanungo, R. N. (1998) *Charismatic Leadership*. Thousand Oaks, CA : Sage.
Denning, S. (2007) *The Secret Language of Leadership : How Leaders Inspire Action through Narrative*. CA : Jossey-Bass. (高橋正泰・高井俊次監訳『ストーリーテリングのリーダーシップ―組織の中の自発性をどう引き出すか―』白桃書房, 2012年)
Fairhurst, G. T., & Grant, D. (2010) "The Social Construction of Leadership : A Sailing Guide," *Management Communication Quarterly*, 24(2) : 171-210.
Fiedler, F. E. (1967) *A Theory of Leadership Effectiveness*. NY : McGrew-Hill. (山田雄一訳『新しい管理者像の探求』産業能率短期大学出版部, 1970年)
Fleishman, E. A. (1973) Twenty years of consideration and structure. In E. A. Fleishman & J. G. Hunt (eds.), *Current developments in the study of leadership*. Ill : Southern Illinois University Press : 1-40.
Gardner, W. L., & Avolio, B. J. (1998) "The Charismatic Relationship : A Dramaturgical Perspective," *Academy of Management Review*, 23(1) : 32-58.

Graen, G. B., & Uhl-Bien, M. (1995) "Relationship-Based Approach to Leadership： Development of Leader-Member Exchange (LMX) Theory of Leadership Over 25 Years：Applying a Multi-Level Multi-Domain Perspective," *Leadership Quarterly*, 6(2)：219-247.

Graen, G. B., & Uhl-Bien, M. (1991) "Partnership-making applies equally well to teammate-sponsor teammate-competence network, and teammate-teammate relationships," *Journal of Management Systems*, 3(3)：49-54.

Graves, L. M., & Powell, G. N. (1982) "Sex differences in implicit theories of leadership：An initial investigation," *Psychological Reports*, 50：689-690.

Hersey, P., & Blanchard K. H. (1969) "Life Cycle Theory of Leadership," *Training and Development Journal*, 23(2)：26-34.

Hersey, P., Blanchard, K. H., & Johnson, D. E. (1996) *Management of Organizational Behavior : Utilizing Human Resources*. NJ：Prentice Hall.（山本成二・山本あづさ訳『行動科学の展開〔新版〕』生産性出版，2000年）

House, R. J. (1971) "A Path Goal Theory of Leader Effectiveness," *Administrative Science Quarterly*, 16(3)：321-339.

House, R. J. (1996) "Path-goal theory of leadership- Lessons, legacy, and a reformulated theory," *Leadership Quarterly*, 7(3)：323-352.

House, R. J., & Mitchell, T. R. (1974) "Path-goal theory of leadership," *Journal of Contemporary Business*, 3：81-97.

House, R. J., & Shamir, B. (1993) Toward the Integration of Transformational, Charismatic, and Visionary Theories. In M. Chemers & R. Ayman (eds.), *Leadership Theory and Research : Perspectives and Directions*. Kindle Version retrieved from Amazon.com.

鄭有希(2012)「上司との社会的交換関係と従業員の役割成果—自己確証理論に基づいて」『日本経営学会誌』30：64-76

Kelley, R. (1992) *The Power of Followership*. New York：Doubleday.（牧野昇監訳『指導力革命』プレジデント社，1993年）

Lewin, K., Lippitt, R., & White, R. K. (1939) "Patterns of Aggressive Behavior in Experimentally Created 'Social Climates'" *The Journal of Social Psychology*, 10(2)：269-299.

Likert, R. (1961) *New Patterns of Management*. New York：McGraw-Hill.（三隅二不二訳『経営の行動科学—新しいマネジメントの探求—』ダイヤモンド社，1964年）

McClelland, D. C., & Burnham, D. H. (1976) "Power is the Great Motivator," *Harvard Business Review*. March-April：117-126.（編集部訳「権力動機が部下のコミッ

トメントを高める―モチベーショナル・リーダーの条件―」『DIAMOND ハーバード・ビジネス』ダイヤモンド社, 2003年, April：90-103)
Meindl, J. R. (1995) "The Romance of Leadership as a Follower-Centric Theory：A Social Construction Approach," *Leadership Quarterly*, 6(3)：329-341.
Meindl, J. R., Ehrlich, S. B., & Dukerich, J. M. (1985) "The Romance of Leadership," *Administrative Science Quarterly*, 30(1)：78-102.
Meindl, J. R., & Ehrlich, S. B. (1987) "The Romance of Leadership and the Evaluation of Organizational Performance," *Academy of Management Journal*, 30：91-109.
Nye, J. L., & Forsyth, D. R. (1991) "The effects of prototype-based biases on leadership appraisals：A test of leadership categorization theory," *Small Group Research*, 22(3)：360-379.
Offermann, L. R., Kennedy, J. K. Jr., & Wirtz, P. W. (1994) "Implicit Leadership Theories：Content, Structure, and Generalizability," *Leadership Quarterly*, 5：43-58.
Parry, K. W., & Bryman, A. (2013) Leadership in Organization. In Clegg, R. S., Hardy, C., Lawrence, B. T., & Nord, R. W. (eds.), *The SAGE Handbook of Organization Studies*. (2nd ed.). London：SAGE Publication：447-468.
Robbins, S. P., & Judge, T. A. (2018) *Essentials of Organizational Behavior*. (14th ed.), Pearson Education.
Schriesheim, C. A., & Bird, B. J. (1979) "Contributions of the Ohio State Studies to the Field of Leadership," *Journal of Management*, 5(2)：135-145.
Selznick, P. (1957) *Leadership in Administration*. CA：Harper and Row Publishers. (北野利信訳『新訳　組織とリーダーシップ』ダイヤモンド社, 1970年)
Shartle, C. L. (1950) Studies of Leadership by Interdisciplinary Methods. In A. G. Grace (ed.), *Leadership in American Education*. Chicago：The University of Chicago Press：27-39.
Stogdill, R. M. (1950) "Leadership, Membership and Organization," *Psychological Bulletin*, 47：1-14.
高橋正泰 (2010)「リーダーシップとストーリーテリング」『経営論集』(明治大学), 57(3)：25-42
Tichy, N. M., & Devanna, M. A. (1986) *The Transformational Leaders*. New York：John Wiley & Sons. (小林薫訳『現状変革型リーダー ―変化・イノベーション・企業家精神への挑戦―』ダイヤモンド社, 1998年)
Vroom, V. H. (1964) *Work and Motivation*. San Francisco, CA：Jossey-Bass. (坂下

昭宣訳『仕事とモティベーション』千倉書房，1982年)

Weber, M.（1956）*Soziologie der Herrschaft : Wirtschaft und Gesellschaft, Grundriss der verstehenden Soziologie, vierte, neu herausgegebene Autflage, besorgt von Johannes harsg Winckelmann.* J. C. B Mohr.（世良晃志郎訳『支配の社会学1』創文社，1960年)

Yukl, G.（2013）*Leadership in Organizations.*（8th ed.）. London : Pearson Education.

Zaleznik, A.（1977）"Managers and Leaders : Are They Different," *Harvard Business Review*, May-June : 67-78.

第7章　組織コミュニケーション

> 　組織内外で意味が生成される過程を中心に，組織のコミュニケーションをディスコース（言説）の観点から考える。コミュニケーション問題を考察するとき，組織のコミュニケーションが資本主義社会との関係で歪められ，規律型権力が組織の日常性と合理性に根差している点を，批判的視座から「問題化」する意義を示す。組織コミュニケーションが目指すのは，経営主義的日常性を反省し，組織民主主義を模索することを提示する。

キーワード：組織ディスコース,言説的コモディティ化,企業コロニー化,問題化,組織デモクラシー

Ⅰ．組織における日常性とコミュニケーション

1. 定義とスコープ

　現代社会に生きる私たちの職場や家庭，教育現場，スポーツ競技など，あらゆる場面において，コミュニケーションという言葉は頻繁に使われる。会社でもコミュニケーションが大事と盛んにいわれるが，その使われ方は限定的である。たとえば，職場のコミュニケーションといえば，「ホウ・レン・ソウ」，つまり報告・連絡・相談としてとらえられる。また，しばしば上司はこういう。「最近，部下とコミュニケーションをとる時間がない」。これは一緒に飲みに行く余裕がないという意味だ。また産業界では，コミュニケーション能力を新卒者に求め，プレゼンテーション・スキルの向上を大学に期待する。これらは確かにコミュニケーションの一側面であるが，コミュニケーションは矮小化され，日常における特定の'場面'としてとらえている。しかしコミュニケーション学では，これをより広義にとらえる。対人，異文化，メディアなど，コミュニケーションは多様なコンテクストを横断的に研究されている。さらに，コミュニケーションがスキルや技術という側面ではなく，人々が自らを規律化するような権力に対して目を向けることが，コミュニケーション研究のアジェンダと提起する（藤巻他, 2006）。とくに多様な言説的相互行為[1]によって，意味がコ

ンテクストとパワーの中で形成され変動されるプロセスに着目する。ここでは池田 (2015：9) の定義をその代表として紹介すると，コミュニケーションとは「他者との関係性によって意味が構築されるプロセス」と考えられる。それは常に関係性の中で規定され，またその関係性を再生産し，関係性を維持あるいは変化させるダイナミックなプロセスである。野村 (2010：15) は，コミュニケーションを研究することは，「関係性を科学する」ことであると主張する。組織における関係性も多様である。上司と部下，職場の同僚間，顧客との関係，組織ステークホルダーとの関係など，さまざまである。たとえば病院や介護施設のコミュニケーションは，専門性の高い役割分業で複雑に構成されるため，医師，技師，看護師，介護士，患者・利用者など複雑な関係性がコミュニケーションによって再生産される (清宮, 2016a)。このように，組織の特性によって，関係性にも大きな特徴が現れる。

　またコミュニケーションは，そのチャネルにも大きな関心が集まる。対面コミュニケーションが基本であるが，組織は多様な方法で情報を伝達・共有する。電話が以前ほどコミュニケーションの中心的ツールでなくなり，Ｅメールが大きな割合を占めてきた。携帯・スマートフォンがなくては仕事にならず，このような人と人を繋ぐ技術は「コミュニケーション・テクノロジー」として，組織に不可欠な側面となっている。ソーシャルネットワークサービス (SNS) を利用して，企業は商品やサービスの情報を巧みに発信し，消費者とのコミュニケーションを図る。またSNSは，緊密な人間関係の中でより迅速な意思疎通を図れるようにする一方，他方で関心のある不特定多数との情報共有を可能にした。これは20世紀までの電話やファックスを中心としたコミュニケーションと大きく異なっている。SNSは人間関係の維持・向上に寄与すると同時に，いじめや嫌がらせなどの負の側面を生み出す背景にもなっている。コミュニケーションの目的は，関係性における相互理解にある。しかし，コミュニケーションは相手を必ず理解しなくてはならないわけではなく，「話せばわかる」は絶対ではない (北川・平田, 2013)。むしろ，わかってもらえないことがあることを前提にして，コミュニケーションの不可能性から出発することが大切であ

る。つまり，相互の理解がたとえ不成立であっても，ともに共生することが可能であるコミュニケーションの過程を重視しなくてはならない（池田，2015）。

2. コミュニケーション的視座

　コミュニケーション学の中でも，とくに組織コミュニケーション論は，伝統的に社会心理学を中心的な方法とする実証主義的アプローチが主流で，産業・組織心理学に近い議論が行われてきた。しかし近年，一部の組織コミュニケーション研究者は，組織と職場における言説と日常性に着目し，組織現象の社会的現実の構成プロセスを探求する。それは組織 (organization) から組織化 (organizing) への視座の移行を伴い，センスメイキング (sensemaking) を組織コミュニケーションの中心に据えて日常を考えることを意味する（図表7-1参照）。「器としての組織」を前提として，その箱の中でメンバーがメッセージ交換するという従来までの組織観から，よりダイナミックで日常性に潜む問題に目を向ける組織観へとシフトした。つまり，コミュニケーションこそが中心であり，そのテクストとコンテクストが生み出す意味の生成プロセスこそが組織化であることに着目する。たとえばDeetz (1994) は，組織コミュニケーションは，「領域」ではなく，「視座」であることを強調する。あらゆる組織現象は，コミュニケーションを通じて現れると主張する。

　この「コミュニケーション的視座」には，明らかに社会構成主義の考えが含まれている。社会構成主義は，今では広く社会科学のひとつのパラダイムとして定着したが，上野 (2001) が指摘するように，多種多様な主張と違いがあり，

図表7-1　視座の転換：組織から組織化へ

組　織	組織化
意思決定	意味構築と変化／センスメイキング
管理／コントロール	コミュニケーション／相互理解
効率／生産性の向上	デモクラシーの推進
因果関係	言説的相互作用

出所）清宮 (2015) より

いわば家族的類似性として緩やかにまとまっているといえる。たとえば，Bhaskar（1975）から始まる批判的実在論[2]から，相対主義の強いポストモダニズムまで，きわめて幅広い。視座としてのコミュニケーションが提示しているものは，組織化のダイナミクスであり，大事なのは，社会的現実が人々によって生み出される際のディスコース（discourse：言説）の役割，とくに言説的実践と意味構築の過程である（清宮, 2015）。社会構成主義の多くがディスコースの重要性を主張する（Gargen, 2009）。つまり，言語は「意味の算出をつうじて現実を構成する当の実践そのもの」（上野, 2001：1）であり，言語は透明ではない。むしろ言語自体が，「自分自身と世界の経験を構造化する仕方をもたらすのであり，われわれの使う概念は，言語に先立つのではなく，言語によってはじめて作られるのだ」（Burr 1995；田中訳 1997：52）と考える。このようにディスコースはコミュニケーションの中心概念として現れ，組織化を通じて社会的現実を織りなし，コミュニケーション研究はこれを分析するために重要な役割を担っている。

　したがって，コミュニケーション的視座から組織を分析することは，組織における日常性を解剖することであり，組織のメンバーが無自覚的に再生産する意味生成の過程を，言説的相互作用の観点から理解する試みである。後述するように，組織に関わる問題の多くは，日常性の当たり前に関係している。エスノメソドロジーが扱う seen-but-unnoticed な世界，つまり日常のコミュニケーションにおいて，見ているようで見ていない（気づいていない）領域に着目している。

II．組織とディスコース

1．組織コミュニケーション

　コミュニケーション研究は対人レベルからマスメディアの領域まで広がるが，とくにビジネスや経営，組織に関連する研究領域を組織コミュニケーション（Organizational Communication）と呼んでいる。アメリカ・カナダを中心に，組織コミュニケーション論はひとつの学問領域として発展し，幅広い研究が行われ

てきた。Mumby（Mumby, D. K.）は組織コミュニケーションを「組織の目標達成に向けて方向づけられるシンボリックな実践活動を通して，意味について集団の協調的体系を創造し調整する過程」(Mumby, 2013：362) と定義づける。

　組織コミュニケーションのハンドブック (Putnam & Mumby, 2014) では，次のような章立てから，その研究領域を紹介する。たとえば，コミュニケーションとポスト官僚制の組織化，知識・意味・変革の組織化，組織・ステークホルダー・コンフリクト，コミュニケーションと組織—社会の関係などである。トピックとしては，たとえば，リーダーシップ，チーム，職場関係，組織変革，イノベーション，社会化と同化，組織文化，パワーと抵抗，感情労働，組織のいじめ，アイデンティティ，社会運動，CSR，など多岐にわたる。経営学の組織行動論に類似しているが，これらを議論するメタ理論が異なった視座をもっている。ハンドブックでは，構造化理論や，批判理論，ポストモダン理論，制度派理論，ポストコロニアル理論，フェミニスト理論などが，組織コミュニケーション論を支える主要なメタ理論として取り上げられ，経営学の主流派と異なるパラダイムをもっている。類似した研究領域であるが経営学の組織行動論と異なるアプローチを示し，組織コミュニケーション研究は，特に批判的アプローチや定性的研究が多いのが特徴である。たとえば，組織のジェンダー問題について，Mumby (2013) はリベラルフェミニズム，ラディカルフェミニズム，批判的フェミニズムの3つに分類し，それぞれの歴史的な背景を示した。組織の内部に焦点を当てたコミュニケーション研究は，経営上の目的よりも，むしろ経営が陥っている課題に対して，別の角度から問題提起をしている。

2. 組織ディスコース

　組織コミュニケーションの研究は，社会心理学的なアプローチが主流であったが，1990年代後半から，ヨーロッパまたはオセアニアの組織論研究者の一部とアメリカの組織コミュニケーション研究者は，組織におけるディスコースを視座の中心に置き，従来の定性的アプローチとは異なる質的研究を形成した。この流れは，組織文化の研究が，ストーリーや語りに重点を移したことによる。

それに加え，社会科学における「言語論的転回 (linguistic turn)」が起き，ディスコース分析が質的研究の中心的なアプローチのひとつになってきたことを指摘できる。それは言語学に依拠するのではなく（言葉そのものの研究ではなく），社会的コンテクストから組織のテクストを（批判的に）理解しようとする試みだ。ディスコースとは，「社会的な対象を現実に至らす記述のまとまり」であり，「相互に関係するテクストのまとまり」とみなされている (Parker, 1992)。ここでテクストとは発話された言語に限らず，Eメールやブログなどオンライン上の社会的実践，また企業が発する広報紙や社内報，ホームページ，歴史的文書などが含まれる。インタビュー，スピーチ，ナラティブ，会話なども，ディスコースを分析する際の重要なデータである (清宮, 2011)。

ディスコースの視座では，言語を「世界を映しだし叙述する受動的な媒介とみるのではなく，世界が私たちにとって意味あるものとする積極的なもの」ととらえる (Gabriel, 2008)。従来の心理学的コミュニケーション学の中では，メッセージ内容を伝える媒介として限定的な位置づけであったが，このようにディスコースの方法論では，言説とその相互作用こそが社会的な現実を作り，関係性を生成・変革するものと考える。つまり組織という関係性は，ディスコースによって再生産され，このコミュニケーション過程を分析することによって組織の諸問題を理解することができる。

組織文化論において，組織の価値や意味の体系，ストーリーに研究の焦点が集まるとき，必然的に組織のディスコースが組織論の中心概念となってくる。MumbyとClair (Clair, R.) は組織ディスコースと名づける視座を以下のように提起する。

> 組織は，そのメンバーがディスコースを通じてそれ自体を創造する限りにおいてのみ存在する。これは，組織とはただディスコースにすぎないといっているのではなく，むしろ，ディスコースは，組織メンバーが自分たちが何者であるかという意味を形成している明確な社会的現実を作り出す主要な手段であることを主張している (Mumby & Clair, 1997：181)。

この視座は組織化を中心に組織論を考えるアプローチと同じであり，組織があるから，そこにコミュニケーションがあるのではなく，その逆で，コミュニケーションがあるからこそ，初めて組織が成立するという視座を強調する (Cooren, 2015)。このようなコミュニケーションあるいはディスコースによって組織は構成されるという視座は，コミュニケーション構成組織 (Communicative Constitution of Organization：CCO) と理論化され，言説的な実践とそのプロセスを重視する (Cooren, 2015)。

3. コーポレート・コミュニケーションと組織レトリック

　組織コミュニケーション研究は，組織内の関係性に着目する研究が中心的であるが，組織が外部に向けて情報発進・共有するコーポレート・コミュニケーション (Cornelissen, 2014) という研究も，近年きわめて活発である。とくにパブリック・リレーション（広報）とマーケティングの2つの要素を統合したアプローチであり，近年の企業ブランディングやコーポレート・リピュテーションという戦略からも注目される。また経営の今日的課題である企業の社会的責任 (CSR) やサステナビリティーの問題を，ステークホルダーのコミュニケーションとしてとらえる。加えて，近年多発する不祥事などへの危機管理や企業倫理の問題，自然災害を含めたクライシス・コミュニケーションなど研究は多岐にわたる。とくにコミュニケーション的なアプローチとしては，企業が発信するメッセージや情報を，組織のレトリックとして議論する (Hoffman & Ford, 2010)。レトリック研究は一般に政治的なスピーチや議論構築の過程を研究対象としてきたが，組織が発信する情報とメッセージは，レトリカルなものである。ここでレトリックは，戦略的なシンボル利用による意味の生成と定義でき，他者への影響と説得の過程として理解できる。その意味で，企業の広告やキャンペーンのメッセージはレトリックとみなすことができる。企業ブランディングやリピュテーションもレトリカルであり，不祥事における企業の謝罪も極めてレトリカルな言説戦略である。この視点においては，メッセージは決してニュートラル（中立）ではないと考えられる。伝統的なレトリック研究はアリストテレス

のロゴス・エトス・パトスから考察されるが，現代のレトリック研究はメッセージのコンテクストともいえる「レトリック状況」を重視する。メッセージの発信者（すなわち，組織）が置かれた環境が，どのようにレトリックを生みだすか，他方で発信者が事象をどのように命名するかによって，メッセージが戦略的に構築されるレトリック過程を考察する。とくに後者の視点は，社会的現実の構成プロセスを分析する。

　この例としては，2013年の「食材偽装事件」があり，関西のホテルレストランが大きな注目を受けた不祥事は，日本中のレストランの問題として発展した。メニューには高級食材（たとえば芝エビ）と表示されていたが，実際はそれとは異なる安い食材（バナメイエビ）を使って提供していた。マスコミはこれを一種の詐欺として，「偽装」ではないかと指摘したが，このときの記者会見でレストランは，これは「誤表記」であると説明した。このように特定の現実を，メッセージの発信者が名づけることによって事実の意味が規定され，レトリックが作られる。この例では，誤表示と命名することで，従業員間のミスであることを強調し，つまり偶発的な誤りという意味を付与する。逆にいえば，企業の意図的な詐欺行為ではないという意味をレトリカルに展開する。企業はこのように危機をレトリックによって対応していると考えることができる。これは，「危機」は人々の外にあるのではなく，社会的に構成される（人々によって作り出される）ことを意味している（清宮，2016b）。一般的な危機管理の考えでは，危機は客観的な現実として人々の外側にあり，この危機の発生可能性や損失などについてアセスメントすることが基本であった。組織レトリックのアプローチは，危機という現実が形成される過程に着目し，危機という現実を言語化によって構築するレトリック状況を分析する。

III．組織のコミュニケーション問題

　組織を取り巻く問題は多種多様であるが，コミュニケーション的視座からみると，あらゆる問題はコミュニケーションを通して現象化する。不祥事からセ

クハラ，リーダーシップ，コンフリクトまで，多かれ少なかれ，組織の問題はコミュニケーションと深く関わっている。相互理解を目的とするコミュニケーションは，これを達成できない事態について，3つの可能性に分類することができ，これら3つの側面からコミュニケーション問題をとらえてみたい。

1. コミュニケーション問題の3つの側面

　清宮（2016a）は，組織を「構造と機能」と「文化とディスコース」の2つのアプローチでみる。前者は特に量的側面から，「コミュニケーション不足」の問題を提起する。後者は，言説的側面から，メンバー間において意味の理解に相違が生じること，つまり「ミス・コミュニケーション」の問題に関連している。さらに，不祥事の多くにみられるように，社員が会社のために行った，または組織では当たり前のことだったことに対して，それが社会的・倫理的な批判をうける行為に目が向けられる。筆者はこれを「歪んだコミュニケーション」と概念化し，ポストモダン的批判の視座から分析する。コミュニケーション不足とミスコミュニケーションの2つは，問題を認知して解決する合理性の領域，つまりは意思決定（decision-making）の問題領域であり，それに対し歪んだコミュニケーションの問題は，日常的な当たり前で無自覚な領域，つまり意味形成（sensemaking）の問題領域として区分できる（図表7-1）。

(1) コミュニケーション不足

　相互理解をコミュニケーションの目的とするならば，それが達成されていないことを問題とし，その量的側面を考えると，コミュニケーション不足の問題を指摘することができる。つまりコミュニケーションの頻度が十分でなかったことが問題になる。この「コミュニケーション不足」が事故や過失をもたらし，情報共有の偏りがセクショナリズムを生みだす。職場内で派閥間の対立が強い組織，また官僚的で縦割りが強い組織では，グループ間のコミュニケーションがとくに希薄であり，コミュニケーションの量とその偏りが問題となる。特定の人にしか対応できない仕事や，その人が物理的に孤立した環境である場合に

問題が発生する。また情報やメッセージの内容も問題となる。たとえば職場において，仕事に直接関係するコミュニケーションと，社内のゴシップや仕事以外の内容とは，コミュニケーションの関係性が異なる。したがって，コミュニケーションの内容によって，コミュニケーションの量とその関係性は異なってくる。組織に都合の悪い内容が上司に報告されないことは，典型的な例である。

(2) ミス・コミュニケーション

　私たちのコミュニケーションに目を向けると，その多くのコミュニケーションは曖昧でいい加減なもので，むしろ誤りのない正確な情報伝達のほうが少ないくらいであろう。つまり，私たちは多かれ少なかれ，情報やメッセージの内容を加工・省略しながら伝達しているのである。そしてこの情報を加工したり省略することによって，誤解を招いたり，対立や問題をもたらしている。SNSにおいてとくにこの点は顕著であり，多くの問題が発生している。これらはコミュニケーションの量的な問題ではなく，「意味」のズレの問題であり，ミス・コミュニケーションと考えられる。

　組織文化的視座からは，組織における問題を意味理解の観点から考察することができる。とくにメッセージや情報の曖昧さが組織メンバー相互の意味理解に問題をもたらす。組織の中ではあえて曖昧なメッセージに加工することで，その理解を受け手の責任に追わせることが多くある。無責任な言動の多くも，意味理解を受信側に追わせる形で問題となる。また，ある事柄や情報を自分の都合のいいように解釈したり，これらを意図的に加工して伝えたり（情報操作），あえて誤解を導くこともある。たとえば，子どもたちはみな口をそろえて「いじめ」はないというが，ある子どもはからかっているだけと言うかもしれないし，いじってるだけと言うかもしれない。これらは意味交渉のせめぎあいであり，いじめは悪いが，からかうことは認められる行為という言説的な葛藤である。これは職場においても同様で，組織におけるいじめは，たとえば「過労死」や「鬱」という別のディスコースの形態をもって現象化する。日常で繰り返される組織のディスコースは，意味の探り合いの過程である。

(3) 歪んだコミュニケーション

　自分はまっすぐ歩いているつもりでも，なぜかその空間が歪んでいれば，他の人からはまっすぐ歩いているように見えない，そんな相対的な見方がある。物理学の相対性理論は，直進するはずの光が重力が生みだす空間の歪みにより，光が曲がることを証明した。ひとつの例えであるが，組織の中でも同じことが起きている。組織は真空でニュートラルな空間ではない。むしろ，権力や政治的力が空間を形成し，中心化と辺境化のパワーが存在する。組織の中で正しいことは，普遍的な正しさではなく，その組織の支配的な言説によって正しさの意味が確定されることである[3]。このように人々のセンスメイキングが無自覚的に歪められ，たとえば，不正の暗黙の了解，消費者無視の歪んだ忠誠心，過度な競争意識とそれによる情報操作(情報の修正，遅延，隠ぺい，意味の多義性)のように，不祥事は組織の意味の問題として典型的に現れる。

　コミュニケーションにおける歪みは，2つの視座から指摘されてきた。1つはPolanyi (1977)で，経済人類学の視点からマーケット(市場)を研究し，古代のコミュニティの間で発生していた市場が社会全体を包摂する時，市場はコミュニケーションを歪めると指摘した。もう1つはDeetz (1992)のコミュニケーションの歪み(distortion of communication)であり，彼は企業原理が多様な社会関係(そもそも企業と関係の薄い家庭，教育，病院など)に影響を及ぼし，たとえば教育現場が市場的なディスコースによって歪められていると指摘する。大学はマーケットの中で評価され，就職率のいい大学に人気が集まる。産業界が「社会人基礎力」というディスコースを提示することで，大学における教育内容は，プレゼンテーション能力のある産業界の期待に応える人材の輩出が中心的な目的となる。病院でも，まるで企業のようなお客様志向の表現，「患者さま」というディスコースによって，過度な顧客志向を医療現場で実践した。これらを「企業コロニー化」と概念化し，経済関係が社会関係の上に立ち，日常的コミュニケーションを歪めることを指摘する。歪んだコミュニケーションは，前述のコミュニケーション不足やミス・コミュニケーションと異なる側面をもつ。それは市場原理と関係していて，とくに重要なのは，歪んでいることが当たり

前となっている点であり，日常的ディスコースの生成過程で，自らがコミュニケーションの歪みに関与していることである。

2. フーコー的批判と組織のパワー

　組織の問題は，より複雑化し，因果関係によって理解することが困難であり，それは，日常のコミュニケーションに根差していると考える。問題はどの組織にでも発生する可能性があり，その解決は日常のコミュニケーションにかかわっている。Foucault（Foucault, M.）の視座は，ポストモダン的な観点から組織の問題に，批判的に立ち向かう。Foucault の影響はヨーロッパ経営学ではとくに強く，組織研究の批判的アプローチの代表となっている（McKinlay & Starkey, 1998）。ヨーロッパの組織論や批判的組織コミュニケーションの研究者は，権力の概念を Foucault の批判的視座，とくに「パワー＝知識」という概念に依拠することが多い（Foucault, 1977, 1980）。一般的には，権力（power）は[4]，ある行為主体が所有することによって，他のメンバーを統制したり影響を与えたりすることができる何かと考えられた。それは地位や職制のような正当性であったり，カリスマ的といわれるような人間的な魅力であった。しかし，近年の多くの社会科学者たちは，Foucault が提起する「規律型権力」の概念に着目する。

　組織アイデンティティが強いとき，組織メンバーは，よりかんたんに所属する組織の意思決定に同調する。とくに組織がコンセンサスを持とうとするときや，組織がグループの結束力を強めるとき，同調しようとする統制力（concertive control）や規律型権力（discipline）という歪んだコミュニケーションが現れる。組織のアイデンティティ形成の際，メンバーが所属する部署への依存度は高まり，そこに属していることで自分自身の存在意義を感じることが強まる。そんなとき，知らず知らず自らにプレッシャーをかけたり，反対意見をいいにくいように統制され，「沈黙化」させられることに気づかない傾向が強まる。規律が生み出され，組織がいつも通り"ノーマル"に機能するため，グループは自分たちを暗黙裡に統制し，それに反することに対してはノーマルでないという

言説によって躾けられていく。そのために特定のディスコースが装置として働き，集団が自らを統制する。直接的なコントロールは必要なく，従業員が自ら自分たちを規律し，無自覚的に組織に協力しようとするコミュニケーションが同調的統制である。上からの権力でコントロールされるのではなく，集団の中で自ら模範的なグループメンバーとなるよう仕向けてしまう。このようなパワー論は，従来の権力概念とは異なる視座を示し，現代のコミュニケーション問題の分析に大きな示唆を与える。Foucault的パワーは，たとえば燃費データの改ざんや食材偽装など，多くの不祥事事例の中に見いだすことができ，組織が命じたわけではないが，組織メンバーが共同して（ときに無自覚的に）虚偽を生成するコミュニケーション過程を示唆している。このときの組織メンバーは，市場システムの中で企業原理を体現する（企業にとって都合のいい）コミュニケーションを行い，組織における「アイデンティティ・ワーク」（アイデンティティを生み出し，維持する行動・意味行為）と考える。

3. 組織論の批判的視座

 Mumby（2001, 2013）は3つの批判的アプローチとして，イデオロギー（ideology），ヘゲモニー（hegemony）と物象化（reification）が，組織コミュニケーションを考察するうえで重要な概念とした。イデオロギーは，人々の考えや態度，信念や視座の体系であり，イデオロギーは現実をあるがまま純粋に反映したものではなく，大事な点は，支配的階層の関心事にひき寄せられながら現実を構成することである。したがって，人々は知らず知らずにイデオロギーに感化され，特定の人々の関心事が，まるですべての人々のためであるかのような普遍的なものとして信じてしまう。それがゆえに利害の対立をぼかしてしまい，その社会的な関係性がノーマル（ふつう）としてみなす傾向をもつ。ヘゲモニーは，覇権と訳されることが多いが，武力などによる権力闘争上の支配という意味ではない。社会の中で特定の意味や思考が当然のものとして支配的になり，それ以外は辺境化され（取りざたされなくなり），人々がそれを当たり前と考える傾向を意味する。簡単にいえば，ある特定の意味を当たり前にするための闘争

であり，特定の意味が定着することによって，世の中の見方が規定されるということだ。

　もう1つの大事な批判概念は物象化であり，社会的な分業の発展に伴い，人と人との関係が，まるで物と物との関係として現れることをいう。人間関係や社会関係を注視することなく，まるで物のように見える現実によって，人間関係を背後に追いやり，物的なリアリティをノーマル（あたりまえ）な世界とみることである。近年，物象化を心理的な作用とみなすことで広く使われるようになったが，その反面，物象化概念のカギである批判的力が失われることを危惧する (Kiyomiya, 2003)。とくに資本主義社会における物象化は，交換価値によって支配されることで，使用価値の大切さを無効にする点が特徴的だ。つまり，市場価値（価格）が人間関係を支配し，人と人との関係性を見失わせる。もとはMarx (Marx, K.H.) の資本論の商品概念に由来し，物神崇拝（フェティシズム）的な関係の転倒性とそのノーマル化を示す概念として，より現代的な問題を批判する力をもっている。物象化した現実の方が注目を放つクリスタル化が起き，それと同時に盲目化が起きて人間関係を見えなくさせる。Kiyomiya (2003) は現代社会と組織の日常性は物象化されていて，それは人々の商品的ディスコースから生まれる社会的現実であると指摘する。マーケット的なディスコースによって，組織の人間関係や消費者との関係がまるで「商品」のように物象化される側面を，「言説的コモディティ化 (discursive commodification)」と概念化する[5]。組織の日常で展開されるディスコースを（商品語の弁証法的関係として），複数のテクストとコンテクストの相互言説性を分析することで物象化の解読を試みる。

　ここで2つの例を提示しながら，批判概念をみてみよう。2013年に発覚した前述の「食材偽装事件」であるが，メニュー上は高級食材でありながら，実際は安い材料を使ってサービスを提供していたのだが，誰もこれを指示したわけではない。ここにはコストというディスコースが，経営的イデオロギーとして従業員の間に定着していると考えられる。これは良いとか悪いとかという道徳的な問題ではなく，イデオロギーによってそれがノーマル（当然）となってい

ることに注目しなくてはならない。この事例において，コストというディスコースの意味が職場で特定化され，それが会社にとって良いこと・正しい方法であると考えることが組織のヘゲモニーである。物象化の視点でみると，レストラン従業員とゲストの間の社会関係は物象化され，さらに調理人やホールスタッフのアイデンティティがコモディティ化（商品化）されて，仕事の質にこだわりをもった職人的風土はうすれ，プロフェッショナルな仕事をおろそかにする。別な論点では，会社側がこの事件を従業員の間（ホールスタッフや調理人など）のコミュニケーションの問題であると指摘することで，事件に対する特定のものの見方を支配的にしたことである。これは単純なミス・コミュニケーションではなく，歪んだコミュニケーションの複雑な問題といえる。

　もう1つの例は，顧客満足(CS)というイデオロギーである。この思考は，「スマイル，ゼロ円」や「お客様は神様」というディスコースによって現実化される。これによって，従業員はお客様に従属的な関係となり，それがノーマルであって，"お客と従業員は対等である"と考えなくなる。サービス業では，お客の「モンスター」化が進み，従業員（看護師など）が無理なサービスや横柄な客（患者）に苦しむように多くの感情労働の問題が発生している。またCS思想を強制し従業員の労働条件を悪化させ，ブラック企業となる。従業員満足やお客と従業員の対等性は辺境化され，CSこそビジネスの真実であると思わせることこそが，ヘゲモニーである。「日本はおもてなしの国」というディスコースも，CSのヘゲモニーと考える。おもてなしの原点である茶の湯では，茶室に入るとき，客は躙口（にじりぐち）という小さな入り口から入り，えらい武士であっても刀を外さねば入れず，頭を下げて部屋に入るしきたりがある。満足はサービスを提供する側とうける側が共同して作り上げるものであるが，この関係はいつしか物象化し，言説的コモディティ化されることで，隷属的サービスが当たり前となる。批判概念は，このような日常性の無自覚な多くの問題に対して取り組む視座を提供する。

4.「見える化」から「問題化」へ

　本章の最後に，組織コミュニケーション研究の意義を再度強調したい。私たちが所属する組織の日常には多様な問題と多様な声が存在する。組織コミュニケーションの目的は，効率性や管理ではなく，相互理解を目指すことである。さらにいえば，組織コミュニケーションの目指すところは，相互理解を可能にする組織，働きやすい空間としての職場，あえていえば「組織デモクラシー」の実践にほかならない。しかし，それは簡単なことではない。

　そのむずかしさは，問題の生成に組織メンバー自らが関与している点，無自覚な点がある。組織における意味の生成，その交渉や変化など，日常に埋もれた当たり前が形成される過程そのものを疑うことが大事である。経営学の中では，「見える化」というディスコースによって，組織のイノベーションや問題解決，品質向上などの課題が議論されているが，組織の複雑な問題は「見える化」によって見えてこない。見える化とは問題を透明化する方法で，因果関係で説明可能な合理性の問題領域では有効であるが，意味形成の領域での問題は解消されない。見える化が前提とするのは，問題には本質があり，それはいろいろな不純物で覆われ見えにくくなっている。したがって，それを取り払い可視化することで，問題解決の糸口が見えることを前提としている。しかしそれは，見える化が陥っている合理主義と本質主義であり，このアプローチでは規律型権力の問題や歪んだコミュニケーションの問題は解明されない。したがって，日常を疑うことなしには，無自覚な問題自体を解き明かせない。自らが関与する当たり前化のプロセスを反省する態度が必要である。

　そこで「見える化」から「問題化」へ，アプローチの転換が必要となる。ポストモダン的批判のアプローチであり，それは次のような存在論的な了解がある。① 世界はしばしば目に見えない，② とくに意図的に隠されていることがある，③ 社会は言説的に構成されるだけでなく，人々を沈黙させる，④ 知識は当たり前そのものを明らかにし，自明の理を脱構築する。日常の問題化を組織の中で実践するために，いくつかのポイントがある。まず，発見されるべき「問題の本質」を前提としない。それはつまり，社会や組織がすでに問題視し

て言語化している概念(定義づけられた概念)から出発するべきでない。たとえば，「いじめ」という問題では「いじめ」という言語化そのものが多義的であり，その複雑な言説的実践に焦点を当てずに，一義的な「いじめ」から問題は解決できない[6]。この社会的現実を構成する多様なディスコースをもとに，それらテクストとコンテクストの関係を考察することで，言語化された概念を問題化するのである[7]。日常の多声的ディスコースに着目し，中心化する言語化の実践と辺境化する実践の関係を問題化する。なぜまたどのようにして，特定のことが言語化され，またそうでないことがあるのか。クリスタル化して社会的注目の中心にあるディスコースと，その周辺化で盲目化し沈黙していくディスコースの関係を浮かび上がらせる。問題化は日常における常識の形成(言語化の)過程を脱構築することであり，当たり前を疑うことが大事である。

　Kiyomiya (2016)，は日本の文化的背景や歴史的コンテクストから，「自己問題化(self-problematization)」と「関係的問題化(relational problematization)」を提起した。前者は，自己啓発や自己成長を大事にする個人の人間的発展への日常的努力の中に問題化を導入する。すなわち，社会や組織，他者を変えるためには自分自身が変わる必要があり，自分自身の問題化が大事である。後者は，人間関係をとても大事にする文化性から，自分と関わる間柄を反省し，自分と社会との関係を脱構築することを提言する。とくに言説的コモディティ化によって，アイデンティティや人間関係が商品のような物的関係になっていることに問題化の目を向けるべきであろう。組織コミュニケーションの目指すところは，経営管理や効率性の追求ではなく，相互理解の推進であり，それは問題化の継続的な対話による組織デモクラシーへの模索の過程といえる。

　注
　1) 本章において，言説とディスコース(discourse)という用語は同義として使われる。ただし「言説的」とは discursive の訳で，言説的相互作用とは，言葉が散漫でありながら，語りが別の語りを生むような何らかの連関をもって言説がつながる相互作用を示す。
　2) 批判的ディスコース分析(CDA)の主導者である Fairclough (2003) は，批判

的実在論の立場から,「社会的世界はテクスト的に構築されているという主張を受け入れる」と示した。
3) この観点はしたがって,普遍的で絶対的な正義を前提とせず,正しさは常に相対であり,歴史的,文化的コンテクストの中で決定され,関係性の中で形成される。正しさの本質に懐疑的であり,むしろどのように正義が語られるかに関心をもつ。
4) 本章ではとくに,Power を'権力'と訳すとき,伝統的な意味を持たせ,カタカナの'パワー'はフーコー的な知＝パワーの意味とする。
5) マルクスは資本論の商品の章で,資本主義社会の成立を「商品語」の弁証法によって説明したが,これはまさに商品語によるコミュニケーションの分析そのものである。
6) 複雑な社会的現実について,定まった意味や主流の考え方を前提として研究や問題解決を出発しない方法論こそが,ディスコース的アプローチが,他の質的研究と異なるディスコース的アプローチの特徴である (Phillips & Hardy, 2002)。
7)「いじめ」問題では,「いじめ」は見える化によっては見えなく,「いじめ」に関わるディスコースによって構築される社会的現実の過程を解読しなくてはならない。

さらに学習すべき事柄
・家族や友人に,組織とコミュニケーションの関係について取材をしてみよう。
・自由な対話によって,相手の語りを引き出し,組織におけるコミュニケーションの諸問題について,具体例を集めてみよう。
・たとえば意味のすれ違いから,ミスコミュニケーションが,どのように組織にとって大きな問題となったか？ 取材の中で得られた組織の語りに着目し,企業コロニー化のような,歪んだ組織のコミュニケーション言説について考察してみよう。

読んでもらいたい文献
高橋正泰・清宮徹監訳 (2012)『ハンドブック組織ディスコース研究』同文舘
板場良久・池田理知子編著 (2011)『よくわかるコミュニケーション学』ミネルヴァ書房

引用・参考文献
Bhaskar, R. (1975) *A realist theory of science*. Sussex: Harvester.
Burr, V. (1995) *An introduction to social constructionism*. London : Routledge.（田

中一彦訳『社会的構築主義への招待―言説分析とは何か』川島書店, 1997年)
Cooren, F.（2015）*Organizational Discourse : Communication and Constitution*. Malden, MA : Polity.
Cornelissen, J.（2014）*Corporate Communication : A Guide to Theory and Practice*.（4th）. London : Sage Publications.
Deetz, S. A.（1992）*Democracy in an age of corporate colonization : Developments in communication and the politics of everyday life*. NY : Albany, Sate University of New York Press.
Deetz, S. A.（1994）Future of the discipline. In S. A. Deetz（ed.）, *Communication Yearbook 17*. Thousand Oaks, CA : Sage Publications, 565-600.
Fairclough, N.（2003）A*nalysing Discourse : Textual analysis for social resarch*. London : Routledge.（日本メディア英語学会メディア英語談話分析研究分科会訳, 2012『ディスコースを分析する：社会研究のためのテクスト分析』くろしお出版）
Foucault, M.（1977）*Discipline and Punish : The birth of the prison*. New York : Random House.
Foucault, M.（1980）*Power/Knowledge*. New York : Pantheon Books.
藤巻光浩・柿田秀樹・池田理知子（2006）「コミュニケーションと権力」池田理知子編『現代コミュニケーション学』有斐閣：1-17
Gabriel, Y.（2008）*Organizing words : A critical thesaurus for social and organization studies*. Oxford : Oxford University Press.
Gergen, K. J.（2009）*An Invitation to Social Construction*.（2nd）. Los Angeles : SAGE.
Grant, D., Hardy, C., Oswick, C., & L. L. Putnam（eds.）,（2004）*The Sage Handbook of Organizational Discourse*. London：Sage Publications.（高橋正泰・清宮徹監訳, 2012, ハンドブック組織ディスコース研究』同文舘）
Hoffman, M. F., & Ford, D. J.（2010）*Organizational Rhetoric : Situations and Strategies*. Sage Publications.
池田理知子（2015）『日常から考えるコミュニケーション学』ナカニシヤ出版
北川達夫・平田オリザ（2013）『ていねいなのに伝わらない「話せばわかる」症候群』日経ビジネス
Kiyomiya, K.（2003）Capitalistic Fallacy of Collaboration in Japanese Industry：Explicating Critical Communication Theories.『西南学院大学英語英文学論集』第44巻, 第1号
Kiyomiya, K.（2016）Self-Problematization and Relational Problematization：A critical-constructive approach in the Japanese context. In C. Grey, I. Huault, V.

Perret, & L. Taskin (eds.). Critical Management Studies : Global voices, local accents. London : Routledge.

Kiyomiya, T., Matake, K., & Matsunaga, M. (2006) Why Companies Tell Lies in Business. In Steve May (ed.), *Case Studies in Organizational Communication.* Thousand Oaks, CA : Sage Publication, 287-304.

清宮徹 (2011)「組織コミュニケーションの質的研究―組織ディスコース」日本コミュニケーション学会編『現代日本のコミュニケーション研究』三修社

清宮徹 (2015)「コミュニケーション的視座と組織化」*Transactions of the Academic Association for Organizational Science*, 4(2) : 43-54

清宮徹 (2016a)「ヘルスコミュニケーションと組織」池田理知子・五十嵐紀子編『よくわかるヘルスコミュニケーション』ミネルヴァ書房：152-153

清宮徹 (2016b)「医療現場のリスクマネジメント」池田理知子・五十嵐紀子編『よくわかるヘルスコミュニケーション』ミネルヴァ書房：154-155

Laclau, E., & Mouffe, C. (1985)*Hegemony and socialist strategy : Toward a radical democratic politics.* Verso. (山崎カオル・石澤武訳『ポストマルクス主義と政治―根源的民主主義のために』大村書店，1992 年)

McKinlay, A., & Starkey, K. (eds.) (1998) *Foucault, Management and Organization Theory : From panopticon to technology of self.* London : Sage Publications.

Mumby, D. K., & Clair, R. (1997) Organizational discourse. In T.A. Van Dijk (ed.), *Discourse as structure and process : Discourse studies vol. 2-multidisciplinary introduction.* London : Sage : 181-205.

Mumby, D. K. (2001) "Power and Politics," *The New Handbook of Organizational Communication.* Sage Publications : 585-623.

Mumby, D. K. (2013) *Organizational Communication : A critial approach.* Los Angeles : SAGE.

野村直樹 (2010)『ナラティヴ・時間・コミュニケーション』遠見書房

Parker, I. (1992) *Discourse Dynamics.* London : Routledge.

Phillips, N., & Hardy, C. (2002) *Discourse Analysis : Investigating processes of social construction.* Thousand Oaks, CA : SAGE.

Polanyi, K. (1977) *The livelihood of man.* New York : Academic Press.

Putnam, L.L., & Mumby, D. K. (eds.) (2014) *The Sage Handbook of Organizational Communication : Advances in Theory, Research, and Methods.* (3rd ed.). SAGE Publications.

上野千鶴子 (2001)『構築主義とは何か』勁草書房

第8章　コンフリクトとパワー

> 　本章では組織を運営する際に不可避な要素である，対立や葛藤を示すコンフリクトと権力を意味するパワーに言及している。コンフリクトはネガティブなイメージが先行しているが，それは我々が思っている以上に複雑な概念である。この章ではコンフリクトのタイプやコンフリクトが組織に対して与える影響について検討する。また，パワーに関しても，その源泉やパワーをもつ人物の特徴について考察をしていく。

キーワード：個人間のコンフリクト，コンフリクト・マネジメント，パワーの源泉

　組織は，人で構成される。それゆえ組織活動には，常に葛藤や対立がつきまとう。我々は一般的にこうした葛藤や対立を避けるべき，あるいは除去すべき対象だと思っているが，葛藤や対立を扱ったコンフリクト研究では，コンフリクトは単に回避・除去すべき対象という単純なものではなく，さまざまな側面をもつ概念であることがわかっている。

　また，組織が人で構成されている以上，組織の中に権力関係も存在する。組織内部のパワーは抽象的かつ曖昧であり，その理解は容易ではない。だが注意深く考察してみると，個人に付与されるさまざまな要素をその源泉としており，パワーをもつことはその人物の認知や感情，行動に多大な影響を与えている。したがって，個人のパワーを理解しておくことは組織内部の対人関係を理解するためにも重要である。

　本章では，組織における対人関係に不可欠な要素であるコンフリクトとパワーを取り上げる。

Ⅰ．コンフリクト

1. コンフリクトとは

　コンフリクトとは日本語では葛藤や対立などとしばしば訳される。学術的に

は「標準的意思決定メカニズムが停止し，個人・集団が行為の代替案の選択に難儀すること」(March & Simon, 1993：訳 142) や「ある特定の主体 (具体的には，個人や集団，組織など) が，自分の利害が相手の利害と衝突しており，相手の行動によって自分が何らかの損害を被っていると認識するプロセス」(Wall & Callister, 1995：517；蔡, 2011：291) と定義されている。

　組織に関係するコンフリクトは，その主体が組織か個人かによって「組織が主体となるコンフリクト」と「個人が主体となるコンフリクト」に大別可能である。本書ではミクロ組織論，すなわち組織における個人や集団に関する現象を扱っている。したがって，以下では主にマクロ組織論で扱われる組織が主体となるコンフリクト (たとえば組織間コンフリクトなど) ではなく，個人が主体となるコンフリクトを取り上げる。個人が主体となるコンフリクトには，「個人間のコンフリクト」と「個人内部のコンフリクト」が存在する。

(1) 個人間のコンフリクト

　組織は複数人の個人より構成されているが，それら個人は決して機械や建物のような無機質な存在ではなく，さまざまな考え方や好み，性格をもつ多様な個人から構成されている。したがって，組織には他人に対する感情や，仕事内容及びその手順をめぐる対立などがさまざまな場面で生じることとなる。そのため，個人間のコンフリクトは，コンフリクトを扱った議論において重要なテーマとなっている。

(2) 個人内部のコンフリクト

　日常生活において，個人は会社や大学，家族，アルバイト先など複数の組織や集団に所属し，多様な役割を担っている。そのため，自分が所属する複数の組織や集団から相反する役割が要求されることがある。これが個人内部のコンフリクトである。個人内部の役割間のコンフリクトに注目して，役割コンフリクト (役割葛藤) とも呼ぶ。

　近年，個人内部の役割コンフリクトの典型例として取り上げられているのが

「ワーク・ファミリー・コンフリクト」(work family conflict) である。ワーク・ファミリー・コンフリクトとは役割コンフリクトの中でも，仕事と家庭との役割間のコンフリクトに特化した概念であり，学術的には「仕事と家庭の領域からの役割の圧力がある点で相互に相容れない役割間コンフリクトのひとつの形態。つまり仕事（家庭）の役割への参加が家庭（仕事）の役割への参加によって困難になること」(Greenhaus & Beutell, 1985：77) と定義される。近年の仕事に対する価値観の変容やワーク・ライフ・バランスの普及によってワーク・ファミリー・コンフリクトが顕在化する場面が増えており，ミクロ組織論においても重要なテーマとして位置づけられている。

2. 個人間のコンフリクト

個人間で生じるコンフリクトは，その内容によって，以下の3つのタイプに分類される (De Dreu, 2011)。

(1) 関係コンフリクト (relationship conflict)

このタイプのコンフリクトは，個人間の感情やエゴといった側面において生じるコンフリクトのことを指す。学術研究では「緊張や摩擦といった感情的要素を含む，個人間の不適合の知覚」(Jehn & Mannix, 2001：238) と定義される。

この関係コンフリクトは，組織（集団）の成果や個人の態度に対して，概して悪影響を及ぼすことが報告されている。具体的には，関係コンフリクトが組織（集団）内部に存在する場合，個人の態度である信頼や組織コミットメント（組織に対する帰属意識）を減少させることが報告されている。実際に，既存の実証研究を定量的に統合したメタアナリシスの結果によると（図表8-1を参照），関係コンフリクトは信頼や満足度，組織コミットメントとマイナスの相関関係があることをわかる。また，集団の成果（業績）に対しても，関係コンフリクトはマイナスの相関があることがわかる (de Wit et al., 2012：362)。

図表 8-1　コンフリクトのタイプとさまざまな集団の変数との関係 [1]

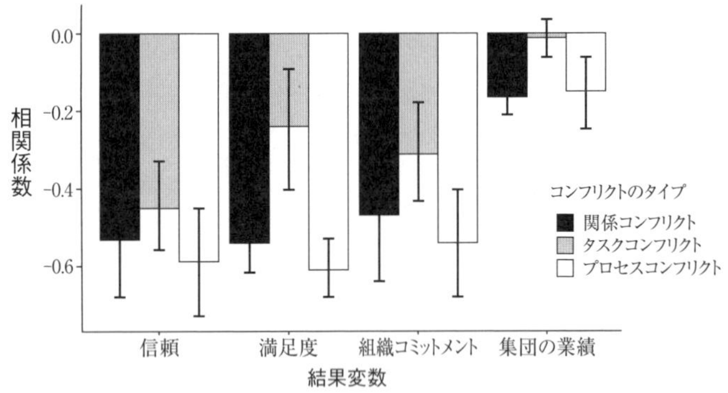

コンフリクトのタイプ
■ 関係コンフリクト
▨ タスクコンフリクト
□ プロセスコンフリクト

結果変数：信頼、満足度、組織コミットメント、集団の業績

出所）de Wit et al.（2012：367-368）を参考に筆者作成

(2) タスクコンフリクト（task conflict）

　タスクコンフリクトはタスクという言葉が示す通り，仕事内容に関連したコンフリクトを表す概念として使用され，学術的には，「集団の課題に関する視点や意見における相違の知覚」(Jehn & Mannix, 2001：238) と定義される。先程の関係コンフリクトは，個人的感情における不適合 (incompatibility) をコンフリクトと表現していたのに対して，タスクコンフリクトは仕事に関連した視点や意見の相違 (difference) をコンフリクトと表現している点に関係コンフリクトとの相違を確認することができる。

　このタスクコンフリクトはミクロ組織論では，しばしば組織や集団の結果を向上させる潜在力を秘めたものとして理解されてきた。たとえば組織の他のメンバーからの建設的な批判や提案によって，自分自身がそれまで意識しなかった問題点に気づくことができ，業務を改善することができるなどが該当する。実際，タスクコンフリクトの存在が組織の業績に対して有益な影響を与えることが幾つかの実証研究では報告されている (e.g., Schulz-Hardt et al., 2006；De Dreu, 2006)。しかし，図表 8-1 で示すとおり，両者の相関関係は必ずしも常にプラスではなく，平均では若干のマイナスの相関関係を示している (de Wit et al., 2012)。さらに個人の態度（満足度や組織コミットメントなど）に対しては，関係コ

ンフリクトと同様にマイナスの影響を与えることが確認できる。

(3) プロセスコンフリクト (process conflict)

　ミクロ組織論において議論されるコンフリクトの大部分は，前記の関係コンフリクトとタスクコンフリクトである。しかし，コンフリクトに関する研究が蓄積するにつれて，従来のコンフリクトとは異なるタイプのコンフリクトが検討されるようになった。それがプロセスコンフリクトである。

　プロセスコンフリクトとは，タスクコンフリクトから派生したタイプのコンフリクトであり，タスクコンフリクトが「仕事内容」に関するコンフリクトを対象とするのに対して，プロセスコンフリクトは「仕事のやり方」に関するコンフリクトを対象とする。ここでのプロセスコンフリクトとは，「タスクの達成をどのようにすすめるのかに関する論争の知覚」(Jehn & Mannix, 2001：239) と定義される。より具体的には「タスクの達成をどのように進めるのか」や「誰が何に責任をもつのか」，「どのようなことを権限委譲すべきなのか」などに関するコンフリクトがプロセスコンフリクトに該当する (De Dreu, 2011：463)。このプロセスコンフリクトとさまざまな変数との関係性であるが，図表8-1で示すとおり，関係コンフリクトと同様に個人の態度や業績との間に総じてマイナスの相関関係があることが確認されている。

3. コンフリクト・マネジメント

　コンフリクトに直面した際，我々はいかなる行動を取るのか。このコンフリクトへの対応を扱ったのが，コンフリクト・マネジメントである。コンフリクト・マネジメントとは「緊張状態の強化・削減・解決に向けた行動」(De Dreu, et al., 1999：371) と定義され，主として，コンフリクトに直面した個人が取る行動がその焦点となっている。このコンフリクトに直面した個人が取る行動に関して，最もシンプルなものとして協調と競争の理論 (theory of cooperation and competition：Deutsch, 1973) がある。

　この理論では個人がコンフリクトに直面した際，当事者は相互の情報交換を

するなどの他者との協調的行動と,自らの願望を他者に強制させるなどの競争的行動のいずれかを取りうることが指摘されている (Chen et al., 2005)。この2つの行動の選択に関して,協調と競争の理論では目標の相互依存性を重要視する。具体的には,当事者同士の目標がプラスの方向に相関しあっている場合,すなわち目標がある程度一致している場合は,当事者は協調や共同での問題解決を選択する。その一方で,お互いの目標が相反するものである場合(マイナスの相関),競争的行動が取られる傾向にある。

　上記の競争と協調の理論はコンフリクト・マネジメントの研究において,その二分法的な考え方にもとづく過度な単純化が疑問視されており,修正が加えられている (Rahim, 2011)。その代表例としていくつかの研究では「自己への関心」(個人が自らの関心を満たすことを試みる程度) と「他者への関心」(個人が他者の関心を満たすことを試みる程度) という2つの基準から,5つのマネジメント・スタイルが指摘された (e.g., Rahim & Bonoma, 1979 ; Rahim, 2011 ; Thomas, 1976)。以下は Rahim (2011 : 26-29) による,それぞれのスタイルの概要である。

　まず1つ目が統合 (integrating) のスタイルである。このスタイルは自己への関心及び他者への関心が高い水準の場合に採用される。この統合の具体的な行動として利害関係者間のオープンな情報交換を通じたコラボレーションがあげられる。2つ目は自己への関心が乏しく,他者への関心が高い服従 (obliging) と

図表 8-2　5つのコンフリクト・マネジメントスタイル

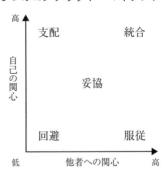

出所) Rahim (2011 : 27);加藤 (2003 : 79) を参考に筆者作成

呼ばれるスタイルである。このスタイルでは利害関係者間に存在する相違への注目は抑えられ，(他者の関心を満たすような) 共通性への注目がもっぱら強調される。よって，このスタイルは自己犠牲を伴っている。3つ目のスタイルは自己への関心が高く，他者への関心が乏しい支配 (dominating) である。このスタイルは先の服従とは反対に自らの関心事を他者に強制する。そのため利害関係者がもつ関心は基本的には無視される。4つ目は自己への関心及び他者への関心双方が低い水準である回避 (avoiding) である。このスタイルの具体的な行動としては問題の先送りなどの行動が含まれる。最後は自己への関心及び他者への関心双方が中程度である妥協 (compromising) である。このスタイルには自己及び他者双方の合意可能な点を探ることがあげられる。一見すると統合のスタイルと似ているが，自己と他者双方の相違を明確にした後，より上位の目標を設定することで双方とも満足する，いわゆる「Win-Winな関係」を目指すのが統合であるのに対して，妥協は互いに受け入れ可能な点を見出すという点で，勝者も敗者もいない状態を目指す点が異なっている。上記の議論は図表8-2として図示することが可能である。

Ⅱ．パワー

組織においてコンフリクトが不可避な存在であるのと同様に，組織が人によって構成されている以上，組織内部に生じるパワーもまた不可避である。また本節において議論するように，パワーは組織において身近な存在であるだけでなく，組織に関する現象を説明するために有効な概念でもある。

1. パワーの定義

古典的な議論においてパワーは「ある社会的関係の内部で抵抗を排してまで自己の意志を貫徹するすべての可能性」(Weber, 1922：訳86) と定義されてきた。また，よりミクロ組織論に特化した議論では「Aの働きかけがなければBはそれを行わないであろうことを，AがBに行わせしめるような場合，AはB

に対してパワーを持つ」(Dahl, 1957：202-203；山中, 2000：54) という定義が古典的には使用される。

いずれの定義も，組織において個人が自身の望む意思を (他者に邪魔されずに) 行使できる能力をパワーと表現していることがわかる。したがって，パワー (権力) はその強制性という意味において，権限 (authority：命令を受けた者がその命令を正当なものと考え，自発的に従う状態) とは異なる概念であると理解しておく必要がある (岸田・田中, 2009)。

2. 個人のパワーの源泉

個人のパワーは何にもとづくのか。この個人のパワーの源泉に関して，既存研究ではいくつかの議論が展開されてきた。その中でも，Raven (e.g., French & Raven, 1959；Raven, 1965, 1993, 2008) によるパワーの源泉の議論は有名である。彼は個人のパワーの源泉を強制パワー，報酬パワー，正当パワー，専門パワー，準拠パワー，そして情報パワーに分類している。この内，強制パワーと報酬パワーは相手に対して罰 (減給や解雇など) や報酬 (昇給など) を与えることができる権利にもとづくパワーである。また正当パワーは一見すると強制パワーや報酬パワーと類似しているが，正当パワーは権利よりも社会的規範や通念をパワーの源泉としている。専門パワーは個人がもっている独自の専門知識やノウハウ

図表8-3　個人のパワーの源泉

パワーの源泉	特　徴
強制パワー	指示に従わない場合，相手に罰を与えることができるという (相手の) 知覚にもとづくパワー
報酬パワー	相手に望ましいふるまいの報酬を与えることができるという (相手の) 知覚にもとづくパワー
正当パワー	相手の行動を規定し支配する権利があるという相手の信念にもとづくパワー
専門パワー	職務経験や特別な知識，ノウハウを有していることにもとづくパワー
準拠パワー	相手からのあこがれや個人的好みにもとづくパワー
情報パワー	相手に必要な情報をコントロールすることにもとづくパワー

出所) Raven (1965), 諸上 (2009) を参考に筆者作成

を源泉とするパワーである。準拠パワーは，たとえば部下が上司に対して個人的魅力（あこがれや尊敬など）をもっている場合などに付与されるパワーである。最後に，情報パワーとは，相手とのコミュニケーションのプロセスにおける情報のやり取りや議論にパワーの源泉を見出している。以上の議論は，図表8-3のように要約可能である。

3. パワーをもつ人物の特徴

組織においてパワーをもつことは，その人物の認知や感情，行動に影響をあたえるのだろうか。このパワーと諸概念との関係に関して，Sturm & Antonakis（2015：143-146）は認知や感情，行動との関係を扱った既存研究を以下のように要約している。

まず，パワーと認知との関係であるが，組織においてパワーをもつ人物は単一の情報資源を強調するような，いわゆる情報処理の簡略化と関係があることが既存研究では明らかとなっている。具体的には，パワーをもつ人物はステレオタイプ的な物の見方が促進されることが報告されている（e.g., Weick & Ginote, 2008）。また，組織においてパワーをもつ人物の認知は詳細なものというよりより全体的もしくは全般的なものになりやすいことも指摘されている。たとえば Smith & Trope（2006）はパワーをもつ人物は事象の重要かつ中心的側面に焦点を当て，具体的なレベルというよりも抽象的レベルにおいて情報処理を行うことを明らかにしている。

ついで，パワーと感情との関係であるが，既存研究ではパワーをもつ人物は願望や熱意，誇り，楽観主義といった好意的な感情を経験，表現しやすいことが報告されている。たとえば，論争的な社会問題を議論する実験において，グループをリードする役割を担っていた人物は幸福や関心といった好意的感情を経験したのに対して，そうでない人物は不快や恐怖といった否定的感情を経験したことが報告されている（Berdahl & Martorana, 2006）。また，親睦クラブ（fraternity）における階層を対象とした調査でも，クラブにおいてよりパワーをもつ人物はそうでない人物よりも満足感や笑顔を示していたことが報告されて

いる (Keltner et al., 1998)。

　最後にパワーと行動との関係であるが，既存研究ではパワーをもつ人物の行動はより自己中心的になることが報告されている。たとえば，Bendahan et al. (2015) はよりパワーをもった人物は社会的規範や自らの保身のためにパワーを利用する傾向があることを実験によって実証的に確認している。この他にもよりパワーをもつ人物は対面の交渉時においてよりリスク志向の行動を取ることも報告されている (Anderson & Galinsky, 2006)。

　本章ではコンフリクトとパワーについて議論した。その中でコンフリクトは組織間や個人間，個人内など組織内外のさまざまなところに存在することを確認すると同時に，個人間のコンフリクトについてその影響を扱った既存研究を紹介した。また，コンフリクトへの対処であるコンフリクト・マネジメントについても議論した。さらに本章では，組織内部におけるパワーについても言及し，その定義や源泉，パワーをもつ人物の特徴について概説した。

　本章の最初にも述べたとおり，組織が人で構成されている以上，コンフリクトやパワーを避けること，あるいは完全に除去することはできない。また今後は組織の構成員がより多様になることが想定され，本章で扱ったコンフリクトやパワーを意識する機会が多くなることが予想される。その点において，コンフリクトやパワーの議論はミクロ組織論において今後ますます重要なテーマとなるだろう。

注
1) 値は相関係数の平均値。またエラーバーは95％信頼区間を表している。

さらに学習すべき事柄
- コンフリクトの水準が高い組織には何か共通する特徴があるのだろうか。コンフリクト（関係，タスク，プロセス）を生み出す要因について調べてみよう。
- 組織において特定の人物がパワーをもつ場合，組織の成果にどのような影響があるのか考えてみよう。また，パワーの源泉によってその影響は変化するのかも考えてみよう。

読んでもらいたい文献

Pfeffer, J.（2010）*Power : Why some people have it—and others don't*. New York : Haper Collins.（村井章子訳『「権力」を握る人の法則』日経ビジネス人文庫，2014 年）

引用・参考文献

Anderson, C., & Galinsky, A.D.（2006）"Power, optimism, and risk-taking," *European Journal of Social Psychology*, 36：511-536.

Bendahan, S., Zehnder, C., Pralong, F., & Antonakis, J.（2015）"Leader corruption depends on power and testosterone,"*The Leadership Quarterly*, 26：101-122.

Berdahl, J., & Martorana, P.（2006）"Effects of power on emotion and expression during a controversial group discussion," *European Journal of Social Psychology*, 36：497-509.

蔡芢錫（2011）「コンフリクト・交渉・パワー」経営行動科学学会編『経営行動科学ハンドブック』中央経済社：291-297.

Chen, G., Liu, C., & Tjosvold, D.（2005）"Conflict management for effective top management team and innovation in China," *Journal of Management Studies*. 42：277-300.

Dahl, R.A.（1957）"The concept of power," *Systems Research and Behavioral Science,* 2：201-215.

De Dreu, C.K.W.（2006）"When too little or too much hurts：Evidence for a curvilinear relationship between task conflict and innovation in teams," *Journal of Management*, 32：83-107.

De Dreu, C.K.W.（2011）Conflict at work：Basic principles and applied issues. In S. Zedeck（ed.）, *APA Handbook of Industrial and Organizational Psychology*. Washington, DC：American Psychological Association：461-493.

De Dreu, C.K.W., Harinck, S., & Van Vianen, A.E.M.（1999）Conflict and performance in groups and organizations. In C. L. Cooper & I. T. Robertson（eds.）, *International Review of Industrial and Organizational Psychology*. Chichester, UK：Wiley, 14：151-166.

de Wit, F.R.C., Greer, L.L., & Jehn, K.A.（2012）"The paradox of intragroup conflict：A meta-analysis," *Journal of Applied Psychology*, 97：360-390.

Deutsch, M.（1973）*The Resolution of Conflict : Constructive and Destructive Processes*. N ew Haven, CT: Yale University Press.

French, J.R.P., & Raven, B.H.（1959）The bases of social power. In D. Cartwright

(ed.), *Studies in Social Power.* Ann Arbor, MI : Institute for Social Research : 150-167.（水原泰介訳「社会勢力の基盤」千輪浩監訳『社会的勢力』誠信書房, 1962年）
Greenhaus, J.H., & Beutell, N.J. (1985) "Sources of conflict between work and family roles," *Academy of Management Review*, 10 : 76-88.
Jehn, K.A., & Mannix, E.A. (2001) "The dynamic nature of conflict: A longitudinal study of intragroup conflict and group performance," *Academy of Management Journal*, 44 : 238-251.
加藤司（2003）「大学生の対人葛藤方略スタイルとパーソナリティ，精神的健康との関連性について」『社会心理学研究』18：78-88
Keltner, D., Young, R.C., Heerey, E.A., Oemig, C., & Monarch, N.D. (1998) "Teasing in hierarchical and intimate relations," *Journal of Personality and Social Psychology*, 75 : 1231-1247.
岸田民樹・田中政光（2009）『経営学説史』有斐閣アルマ
March, G., & Simon, H. A. (1993) *Organizations.* (2nd ed.). Cambridge, MA: Blackwell.（高橋伸夫訳『オーガニゼーションズ―現代組織論の原典―（第2版）』ダイヤモンド社，2014年）
諸上詩帆（2009）「職場における上司の社会的パワーが従業員に与える影響に関する産業・組織心理学的分析フレームの構築に向けて」『横浜商大論集』42：114-131
Raven, B. H. (1965) "Social influence and power," In L.D. Steiner & M. Fishbein (eds.). *Current Studies in Social Psychology.* New York : Hol, Rinehart and Winston, Inc : 371-382.
Raven, B. H. (1993) "The bases of power: Origins and recent development," *Journal of Social Issues*, 49 : 227-251.
Raven, B. H. (2008) "The Bases of power and the power/interaction model of interpersonal influence," *Analyses of Social Issues and Public Policy*, 8 : 1-22.
Rahim, M. A. (2011) *Managing Conflict in Organizations.* New Brunswick, NJ: Transaction Publishers.
Rahim, M. A., & Bonoma, T. V. (1979) "Managing organizational conflict : A model for diagnosis and intervention," *Psychological Reports*, 44 : 1323-1344.
Schulz-Hardt, S., Brodbeck, F.C., Mojzisch, A., Kerschreiter, R., & Frey, D. (2006) "Group decision making in hidden profile situations: Dissent as a facilitator for decision quality," *Journal of Personality and Social Psychology*, 78 : 655-669.
Smith, P.K., & Trope, Y. (2006) "You focus on the forest when you're in charge of the trees : Power priming and abstract information processing," *Journal of*

Personality and Social Psychology, 90：578-596.
Sturm, R. E., & Antonakis, J. (2015) "Interpersonal power：A review, critique, and research agenda," *Journal of Management,* 41：136-163.
Thomas, K. W. (1976) "Conflict and conflict management," In M. D. Dunnett (ed.), *Handbook of Industrial and Organizational Psychology.* Chicago, IL: Rand-McNally：889-935.
Wall, J.A., & Challister, R.R. (1995) "Conflict and its management," *Journal of Management,* 21：515-558.
Weber, M. (1922) *Soziologische Grundbegriffe.* Tübingen, Germany：J.C.B. Mohr. (清水幾太郎訳『社会学の根本概念』岩波文庫, 1972年)
Weick, M., & Ginote, A. (2008) "When subjective experiences matter：Power increases reliance on ease-of-retrieval," *Journal of Personality and Social Psychology,* 94：956-970.
山中伸 (2000)「組織におけるパワー研究の現状と課題」『立教経済学研究』53：51-76

第9章　組織と職務のデザイン

　本章では，まず職務・課業の細分化を推進した科学的管理法と，その反省から構想された，人間的要件を満たす「職務設計」の概念と理論を概観する。次に，モチベーションの向上を目指す「職務特性モデル」と，具体的な施策としての「職務拡大」「職務充実」「自律的作業集団」について述べる。最後に，従業員が主体的に職務の内容・意義を変化させていくジョブ・クラフティングを紹介する。

キーワード：職務設計,モチベーション,職務拡大,職務充実,ジョブ・クラフティング

Ⅰ．科学的管理と職務設計

1. 科学的管理法と職務・課業の細分化

　組織における「職務（job）」概念の誕生は，Smith（Smith, A. 1776, 1789）が『国富論』において「分業（division of labor）」の重要性を説いたことに求められる。当時蒸気機関の発明による産業革命が起こり，工業における生産技術は飛躍的に発展した。手工業の時代では，人間の労働の中心は多様で熟練した技能を必要とする職人が担っていた。しかし産業革命後の機械工業の時代では，熟練労働は複数の職務に分割され，反復操作による単純な課業（task）へと細分化されていった。

　こうした大工場における大量生産が進展するなかで，最初に積極的に職務をデザイン（設計）することを構想したものとして，Taylor（Taylor, F. W. 1991, 2006）の『科学的管理法』をあげることができる[1]。Taylor は，雇用主には限りない繁栄を，労働者には最大限の豊かさをもたらすことが経営管理（マネジメント）の目的であるとの信念のもと，最大限の効率を追求した。

　初期の機械工業化した工場では，手工業時代の職人のように職場で長年働く熟練工が経験を通して，作業方法や作業計画を考案し，その実践知は現場で体験的に伝えられていた。一日の作業方法や作業速度も職場任せとなるため，生

産量は労働者の気分次第で変動していた。こうした管理は，勘や経験に基づく場当たり的な現場管理であり，「成り行き管理(drifting management)」と呼ばれた。

当時の生産現場では，こうした非効率な生産を引き起こす要因として，成り行き管理のもとで人間の自然な本能や性向から個人的に怠ける自然的怠業のほかに，組織的に怠ける組織的怠業が大きな問題となっていた。

たとえば，作業速度を速めれば，一日の作業時間が短縮可能である場合，労働時間が短縮されるため，賃金が減額される。そこで，作業速度を意識的に低下させ，労働者側の経済的利益の確保が図られた。経営者側は適正な作業速度や内容を把握していないため，打つ手がなかった。組織的怠業は，経営者側に悟られないように，職場のインフォーマルな集団内で強制的に行われていた。

成り行き管理による現場にはこうした非効率が蔓延していた。しかし管理者は仕事に関する知識や技能において，現場の熟練工に遠く及ばない。そのため，インセンティブを与え，労働者の自主性を引き出すことしかできなかった。

こうした従来の非科学的な生産現場に対して，Taylor は，熟練工の知識を奪い取らない限り工場管理は確立しないと考えた。そこで科学的管理法では，仕事の計画と実行を徹底的に分離する。精神労働と肉体労働の分離ともいえる。これによって，管理者の仕事は大幅に拡大した。① 各労働者や作業に対して，従来の経験則に代わる科学的な手法を策定すること，② 科学的な観点から人材を採用し，訓練，指導を行うこと，そして③ 科学的に訓練された工具と協力して，新しい科学的手法を，現場の作業に結合させることが求められた。

そのため，科学的データを保管し，整理，活用して，新しい管理手法の策定や作業内容，作業計画の設計，さらに将来計画の構想までを行う計画室の設置を推進した。作業研究や時間研究を行い，作業を細分化して，作業方法や作業速度も管理者が設計し，現場に作業指示を与えたのである。

この一連の管理業務から，一般に科学的管理法において初めて「職務設計(job design)」が行われたと考えられている。しかし科学的管理法では，職務内容の研究は徹底的に行われたが，その職務を遂行する人間に対する配慮はほとんどなされていなかった。のちに人間関係論で議論される職場内での人間関係，

あるいは人間性や人間の心理的な側面などは，まったくといってよいほど考慮されていなかった。ここでは，細分化された，単純で反復的な課業を機械のように精密に効率よく行う労働者が求められていたのである。

2. 職務設計と人間的要件

　Taylor以降の伝統的な職務設計では，作業の効率化，時間の最小化に主眼が置かれていたが，機械化や自動化が進展するとともに，職務内容はますます単純で反復的なものとなり，またコンピュータの導入が進むと，事務作業も機械的なものとなっていった。1950年代までその傾向は続いた。Taylorは科学的管理法を用いると，労働者は確実に自主的に働くと主張していたが，現実には欠勤や離職が増加していった。効率を追求してきたが，かえって組織は非効率になっていたのである。たとえば，科学的管理法を適用して大量生産方式を開発したフォード社では，1913年に新しい組立ラインを完成させた際，離職率が380％という危機的な状態に陥ったという (庄村，2008：23)[2]。

　科学的管理法に代表される徹底的な職務の合理化によって，労働者は焦燥感，単調感，孤独感に苛まれ，欠勤や離職につながっていたのである。ここから，人間が機械を構成する部品のような存在として扱われ，人間らしさが喪失する人間疎外の問題が浮上してくる。

　こうした背景から，カリフォルニア大学バークレー校のDavis（Davis, L. E.）を中心とした研究チーム（Davis & Canter 1955；Davis, Canter & Hoffman 1955；Davis & Canter 1956；Davis 1957）は，職場改善につながる「職務設計」の研究を行った。この「職務設計」という概念を定義し，用語として最初に用いたのが，このDavisらのチームといわれている。

　科学的管理法では，職務設計は人間を機械のように扱う機械論的アプローチにもとづいていたが，Davisらの職務設計理論では，職務設計は達成されねばならない職務の技術的・組織的要件とその職務を遂行する人の人間的要件を満たすように職務の内容の組立てが考えられた。

　Davisらは，この職務設計の概念を，インダストリアル・エンジニアリング

(Industrial Engineering：IE)の基礎概念を用いて定義した。まずIEにおいて「仕事(work)」を記述するために使用される「工程(process)」「作業(operation)」「要素(element)」という用語を用いて，次のような具体的な作業(軸製造工程)を説明する。

 工程：軸製造(図面および仕様書毎に)
  作業1．動力のこぎりで材料を既定の長さに切断する
   要素作業A．材料を拾い上げ，留め具に当てる
   要素作業B．材料を固定し，のこぎりを前進させる
   要素作業C．動力を用いて，測定した長さに一片を切断する
   要素作業D．切断した一片を取り外し，運搬箱へ入れる
  作業2．一方の端を旋盤で磨く(要素作業省略，以下同じ)
  作業3．反対の端を旋盤で磨く
  作業4．直径を粗削り加工する
  作業5．直径を仕上げ加工する

ここで「工程」は，事務業務であれば，「手続き(procedure)」と呼ばれるものであり，ある製品の生産に必要な「まとまりのある系統だった諸作業の順序」を意味する。「作業」は，製品製造過程においてひとつの機能を十全に発揮するために割り当てられた「一工程内でそれぞれ自己完結する部分」のことである。この一作業内の個別の仕事上の活動が「要素作業」であり，「一作業内の容易に識別・特定できる小さく細分化された同質の部分」のことである。

Davisらは，これらの基礎概念をもとに，課業(task)と職務(job)を定義する。課業とは，1人の人員に割り当てられる1つの仕事上の活動のことであり，小さいものでは，1つの要素作業，大きいものでは，作業全体の場合もある。職務とは，1人の人員に割り当てられる複数の課業の総体であり，小さいものでは，一作業におけるひとつの要素作業，大きいものでは，1つ以上の工程を完成させるために必要な全作業からなる複数の課業の集合である。

そして，職務を設計する工程では，3つの活動が行われる。① 個々の課業の内容を規定する活動，② 使用する機械や工具，関係する特殊な技法を含め，各課業の遂行方法を規定する活動，③ 個々の課業を結びつけて特定の職務とする活動である。このうち，①と③の活動は，職務の内容を規定するもので，②の活動は，職務の遂行方法を定める活動である。ここから，職務内容を設計する工程を「職務設計」，職務方法を設計する工程を「方法設計」と呼んだ[3]。

「方法設計」は当時 IE の分野ですでに扱われていた。Davis らは，職務の内容を設計する「職務設計」の研究を行った。特に焦点を当てたのが，職務内容はどのように組み立てられるべきかということであった。科学的管理法に代表される工程中心アプローチでは，労働者の専門化と徹底的な合理化が追求された。人間関係論を考慮した労働者中心アプローチでは，小集団による計画や職務拡大（次節で論じる）等の施策が試みられた。しかし前者では人間疎外の問題が生じ，後者では職務満足が必ずしも生産性の向上に結びついていなかった。

そこで Davis らは，職務中心アプローチを提唱した。そこでは，職務内容は，経済生産性の最大化のために，技術工程，組織，そして個々の労働者のすべての要件を満たすように組み立てられなければならないとされた。つまり，労働者が職務において満足が得られるような職務内容に設計されねばならないということである。その前提として，組織と労働者と職務は相互作用の関係にあり，職務は工程，労働者，組織から分離して設計することはできないというものであった。

3. 社会―技術システム論

人間疎外の問題から，職務設計における人間的要件について，アメリカでは1950 年代から 70 年代にかけてさまざまな動機づけ研究が行われた（詳細は「第4章 モチベーション」を参照）。

一方，工業化の進んだヨーロッパでも，職務設計と人間的要件に関する研究と実践が行われていた。1960 年代後半以降，「労働の人間化」あるいは「労働生活の質（Quality of Working Life：QWL）」への関心がノルウェーとスウェーデン

を中心に高まった。

「労働の人間化」や「QWL」は，広義では，労働条件全般の改善，狭義では，作業内容や監督様式，働き方自体の改善を意味する。後者は，具体的には，職務拡大 (job enlargement)，職務充実 (job enrichment)，ジョブ・ローテーション，自律的作業集団 (autonomous work group) などの改善施策である。これらを含む職務設計は，新しい職務設計あるいは職務再設計などと呼ばれた。

ヨーロッパにおけるこうした新しい職務設計の理論的背景が社会―技術システム論である。社会―技術システム論は，イギリスのタヴィストック人間関係研究所の研究者らによって，Von Bertalanffy (Von Bertalanffy, L.) の一般システム論[4]を社会科学に適用して展開された。

とくに有名なのは，Trist & Bamforth (1951) の研究である。彼らは，採炭作業の機械化過程における問題を調査した。従来の採炭方法は手掘りシステムである。機械化することによって効率化することが期待されていた。ところが，機械化された採炭方法はうまく機能しなかった。調査の結果，手掘り作業の際に自主的に構成していた数名の多能工からなる責任と自律性をもった作業組織（社会システム）が機械化された採炭作業では解体，再編されていたことが明らかになった。

そこから，彼らは，生産システム（採炭作業）は，技術システム（手掘りシステム，機械システム）とともに，社会システム（作業組織）も包含する社会―技術システムであるという命題を導き出した。技術システムと社会システムの2つのサブシステムは独立してはいるが，相互作用するとされた。そして2つのシステムが最適な結合をすることが望ましく，その具体的なモデルとして，自律的作業集団という概念を提唱した。

自律的作業集団は，これまで管理者側が職務を設計していたのに対して，職務遂行者自身が作業計画や作業方法，作業割当等，自らの職務を設計する集団である。

社会―技術システム論は，アメリカでも Davis らによって受容され，新しい職務設計の基礎理論として位置づけられるようになった。

Ⅱ．職務特性モデルと職務拡充

1．職務特性モデル

1970年代になると，Hackman & Oldham（1975, 1976）が職務特性モデルを開発した。このモデルは，新しい職務設計における改善施策である，職務拡大，職務充実，自律的作業集団のすべてを包含した職務設計のための理論的モデルである。

職務特性モデルでは，人間の高次の欲求（自己実現欲求）や内的報酬（自尊感情）に影響を与える重要な職務特性要因は次の5つの次元で表される。① 技能の多様性，② 課業の一貫性，③ 課業の重要性，④ 自律性，⑤ フィードバックである。

Hackman（Hackman, R.）と Oldham（Oldham, G.）は，これらの5つの次元は独立に存在するのではなく，相互に関係性をもっているとし，図表9-1のようにモデル化している。また各職務のモチベーションの潜在力を次の式で表せるとした。

モチベーションの潜在力スコア（Motivating Potential Score：MPS）

$$= \left[\frac{技能多様性 + 課業一貫性 + 課業重要性}{3} \right] \times 自律性 \times フィードバック$$

図表9-1　職務特性モデル

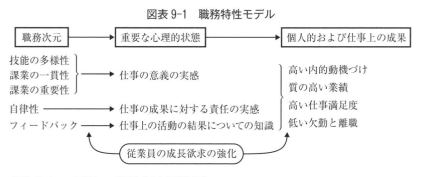

出所）Hackman & Oldham（1975）をもとに筆者作成

Davisらの職務設計理論では，労働者が職務において満足が得られるように職務内容を設計することが求められた。職務特性モデルは，職務内容に関わる① 技能の多様性，② 課業の一貫性，③ 課業の重要性の3つの次元のほかに，④ 自律性と⑤ フィードバックという職務遂行方法に関わる2つの次元が職務の設計に盛り込まれている。ここでは，職務内容のみによる満足を超えた，高次の報酬が期待されている。

　個人的および仕事上の成果として，① 高い内的動機づけ（内的報酬），② 質の高い業績，③ 高い仕事満足度，④ 低い欠勤と離職があげられている。これはDavisらもそうであったが，人間的要件を加味しながら生産性の向上を目指していることを表している。インセンティブなど外的報酬ではなく，職務内容を含む職務そのものが内的報酬（自尊感情，高いモチベーション）や高い満足度を成果として導き出すことが企図されている。

　次に5つの次元の役割と機能をみてみよう。技能の多様性は，職務遂行にあたり必要かつ多様な技能や能力のことを意味する。職務従事者にとって，多様な技能を習得し，職務遂行能力を向上させることは，自己への高い価値を獲得することにつながる。しかし注意すべきことは，多様性は最適なレベルで留めておくということである。過度な多様性は労働者に過度な精神的負担を与えることになり，かえって生産性の低下につながる。

　課業の一貫性は，職務が開始から終了まで，全体と区分された部分とが明確に確認できることを意味する。職務従事者に対して，職務の全体と部分を明確に知覚できる環境を提供すること，つまり課業の一貫性を認知させることは，仕事そのものに関与しているというポジティヴな感覚を与えることにつながる。

　課業の重要性は，担当している職務が組織の内外を問わず他の人々の生活や仕事に対して及ぼす重要な影響力を意味する。自分が遂行する課業は世の人々や社会に対して重要な意味をもっているのだと認識することは，職務従事者にとって，自分の存在価値を強く理解する機会を与えることになる。ここから，高いモチベーションが創出されることが期待されている。

　自律性は，仕事の計画，実施方法等の決定に対して，職務従事者に与えられ

る自由さ，独立性，裁量の度合いを意味する。仕事の目標と達成方法を自分で計画し，実施できる自己統制は，職務従事者に強い個人的責任感を感じさせる。職務遂行にあたりこの自己統制を認識することは，自尊欲求を満たすことにつながり，結果的には業績向上が導かれることが期待される。

　フィードバックは，文字通りには，職務遂行の成果について職務従事者に情報を伝える行為である。しかし，高次の欲求や内的報酬に対して影響を与える要因の次元としては，職務遂行の成果について正確な情報を得た職務従事者による職務遂行度合いのことを意味する。職務従事者に職務遂行結果を伝えることは，その職務の重要性と職務従事者自身の価値を認識させることにつながり，労働者の高次の欲求や内的報酬の醸成につながることが期待されている。

　このフィードバックは職務特性という点では，職務そのものから直接的に明確に成果に関する情報が得られることが含意されるが，その他に副次的に2つの次元でのフィードバックも重要とされる。1つは，上司や同僚からの職務成果に対する明確なフィードバックであり，もう1つは，取引先を含む職務に関係する他の関係者からのフィードバックである。

2. 職務拡大と職務充実

　前項では，職場改善活動の理論的背景を概観した。ここからは，具体的な方法をみてみよう。すでに述べたように，代表的なものとして，職務拡大，職務充実，ジョブ・ローテーション，自律的作業集団などがある。

　職務拡大は，Argyris (Argyris, C.) により広く提唱されたとされる。彼によると，職務拡大とは，「従業員によって遂行される課業の数を増加せしめることである」(Argyris (1957) 邦訳, 1961：269)。そこから，職務の水平的負荷とも呼ばれる。狙いは，課業の数を増やしていくことで，職務を再設計することである。職務特性モデルの5つの次元に照らすと，「技能の多様性」「課業の一貫性」「課業の重要性」「フィードバック」が考慮されている。職務内容を再設計することで，職務における満足と労働者の内的報酬の向上が期待されている。

　単純で反復的な課業の職務では，労働者は無意味さや孤独感に苛まれ，心理

的負担からモチベーションが低下する。そこで，細分化・単純化された課業を再結合し，職務において一貫性のある多様な技能を必要とする課業が与えられることで，職務従事者は自分の職務の重要性を認識し，自身の能力が承認されたことを実感することになる。そしてそれが明確な形でフィードバックされると，自分の存在価値を強く理解し，そこから高いモチベーションが創出され，結果として，業績の向上につながるとされた。

しかし職務拡大において注意すべきことは，過度な拡大でも不十分な拡大でも効果は発揮されないということである。それには，最適なレベルが求められる。組織の環境や労働者の成熟度等を考慮して設計されなければならない。

職務拡大が多様な技能の習得や課業数の増加を企図し，仕事を横方向へ広げていく方策であったのに対して，職務充実は，具体的な課業に取り掛かる前の計画や調整，段取り，あるいは課業後の検査など，異なる職種の業務にまで職務を縦方向へ拡張する施策である。ここから，職務充実は職務の垂直的負荷と呼ばれる。なお，モチベーション研究において Harzberg（Herzborg, F.）の主張した二要因理論（詳細は「第4章 モチベーション」を参照）が契機となって職務充実運動が始まったことから，彼は職務充実の父と呼ばれている。

職務権限の委譲でもあるため，管理者に対して行われていたが，ここでの職務充実は現場の職務従事者に対するものを意味する。職務特性モデルの5つの次元では，5つすべてが考慮されているが，特に「自律性」と「フィードバック」に焦点が当てられている。その意味で，自律性の負荷ともいえる。ここでも職務内容を再設計することで，職務における満足と労働者の内的報酬の向上が期待されている。

仕事の計画，実施方法の策定等，組織における意思決定過程に参加させることは，職務従事者に自律性，独立性，裁量の自由さが与えられることを意味する。自分やチームの仕事の目標と達成方法を自分で計画し，実施できるようになると，職務従事者は仕事に対して強い責任感を感じるようになる。自律的に職務を遂行することは，職務の内容と方法を自分で決定するだけでなく，環境変化に対しても自分で対応し，成果の評価も自分で行い，成果に対する責任を

もつことを意味する。このように職務を自己統制できることは，内的報酬（自尊欲求の充足）が得られることにつながり，結果的には業績向上が導かれることが期待されている。

　職務拡大でも無暗な課業の拡大がマイナス効果を生むことが指摘されているように，職務充実においても自律性，自己統制，責任の負荷が自尊欲求の充足につながらず，かえって心理的負荷だけが増加し，モチベーションの低下を招くことも考えられる。職務充実は，成長意欲の高い労働者に適した施策であり，個々の労働者の成熟度を考慮して設計されなければならない。

　職務交替とも呼ばれるジョブ・ローテーションは，今日の多くの日本企業で，新入社員が入社後仕事全体の流れを学習するために異なる職場を順次短期間経験する研修や人材育成（たとえば，幹部候補育成）の目的のもと数年ごとに異なる職務を経験させる施策として行われている。これもすでに労働の人間化が謳われた時代の新しい職務設計の施策のひとつとして実施されていた。

　ジョブ・ローテーションは，職務従事者を職務の単調さや無意味さから解放するため，職務内容を適宜変更，交替して，単純で反復的な職務に変化を与え，職場の活性化を企図した施策である。職務特性モデルの5つの次元では，「技能の多様性」が該当する。しかしこの方法では，交替する職務内容が異なっていても同様に単純で反復的な職務の場合，職務従事者のモチベーションの向上にはあまり効果がないといわれている。

　自律的作業集団は，すでに述べたように，研究者が理論的に構築したものではなく，労働者たちが職務を遂行するうえで，現場感覚に従い自然発生的に形成されたものである。自律的作業集団は，自己統制グループ，自主管理チーム，自主率先的チームなどとも呼ばれる。自律的作業集団は名前が示す通り，職務遂行に必要となる多様な技能を身につけた労働者に，作業計画や作業方法，作業割当等に関する意思決定過程への参加等，職務遂行における自由裁量が認められた集団である。職務充実の具体的な施策と類似しているが，特に集団の単位で行う職務における概念である。

　職務特性モデルの5つの次元で考えると，5つすべてが考慮されているが，

特に「自律性」に焦点が当てられている。職務内容を自分たちで設計することにより，職務の満足と労働者の内的報酬の向上が期待されている。

自律的作業集団を導入したした例としては，スウェーデンのボルボ社の事例が有名である。1970年代，ボルボ社ではベルトコンベヤーによる大量生産方式の工場において無断欠勤や離職が一向に減少せず，経営層にとって悩ましい問題であった。そこで，新たに建設するカルマル工場は，ベルトコンベヤー方式を廃止し，自律的作業集団方式を導入した。5～20名程度の作業集団内で，職務内容，職務計画，仕事の速度，担当者まで自分たちで決定するシステムである。その結果，職務満足は向上し，無断欠勤と離職は大幅に減少し，労働の人間化のモデル的工場と評価された[5]。こうしたボルボ生産方式は，トヨタ生産方式やリーン生産方式に対するヨーロッパのオルタナティブであるともいわれている (Berggren, 1992)。

トヨタ生産方式に代表される日本的生産システムの現場における作業組織の最小単位としての班やチームなどの小集団は，基本的にアメリカの生産技術を基底に発展してきているが，職務計画や内容，担当範囲の決定等，職務設計において柔軟な点で自律的作業集団に近い特徴も備えている。

Ⅲ．ジョブ・クラフティング

HackmanとOldhamの職務特性モデルは，今日でも有効なモデルといわれている。しかし，20世紀の高度工業化の時代と20世紀後期から21世紀における高度情報化の時代では，労働環境や求められる職務だけでなく，私たちの働き方も大きく変化してきている。

従来の職務設計研究は，自律性を主要概念とはしているが，暗黙の前提として「受動的な労働者」を想定し，5つの職務特性を基底に職務設計を行うことで，モチベーションを向上させようという考え方である。ここでは，自律性を与えるとしても，基本的に職務設計は管理者側の視点で行われているといえる。

それに対して，21世紀に入って，労働者の主体性 (proactivity) に注目する研

究が行われている (たとえば, Grant & Parker, 2009)。具体的には, 職務従事者が自らの職務を主体的に再設計することが含意されている。これは,「ジョブ・クラフティング (job crafting)」と呼ばれる。

ジョブ・クラフティングの概念を最初に提示したのは, Wrzesniewski (Wrzesniewski, A.) と Dutton (J. Dutton) である。彼らは, ジョブ・クラフティングを「個々人が自分の仕事での課業 (task) や周囲の人々との関係性において創出する物理的および認知的な変化」(Wrzesniewski & Dutton, 2001：179) と定義する。彼らによると, 職務設計がモチベーションを導出するのではなく, 職務従事者には彼ら自身の基本的欲求から, ジョブ (職務) をクラフト (再設計) しようとするモチベーションが生まれる。その基本的欲求は3つある。1つ目は, 仕事による疎外感を回避するために自分の職務を統制しようとする欲求である。2つ目は, 職務における自分のポジティブなイメージを作りたいという欲求である。3つ目は, 他者との関係性に関する人間の基本的な欲求である。

ジョブ・クラフティングの形態も3つあるとされる。1つ目は, 職務における課業の境界 (内容や範囲) の変化である。たとえば, 営業担当者が客先営業だけでなく, 技術的な打合せにも積極的に参加して, 新製品開発に関わるケースがあげられる。2つ目は, 職務における関係性の変化である。仕事上の関係者との相互作用の質や量の変化である。たとえば, これまで電話やメールでしかやり取りしていなかった他部署や取引先の担当者と直接会って打合せを行うなど信頼関係を醸成するコミュニケーションをとるようになるケースがあげられる。3つ目は, 職務における課業の境界 (意義や意味づけ) の認知的な変化である。視点を変えることで, 同じ課業でも職務従事者にとって重要度や意味が変化する。たとえば, エンジニアが技術の提供者ではなく, 問題を解決する方法の提供者という視点をもつことで, 顧客に関わる多様な情報へも意識が向かい, 開発中の製品の意味づけが大きく変わるケースがあげられる。

Wrzesniewski と Dutton は, ジョブ・クラフティングの効果として, 特殊効果と一般的効果をあげている。それらは, 仕事がもつ意味の変化と仕事におけるアイデンティティの再構成である。また彼らは, 全従業員が潜在的なジョ

ブ・クラフター（ジョブをクラフトする人）であるという。

　Clegg & Spencer（2007）は，Wrzesniewski と Dutton のジョブ・クラフティング概念を基底として，職務設計プロセスにおける新しいモデルを提唱した（図表9-2）。このモデルは，従来の職務特性モデルが特性の組み合わせによりモチベーションを創出しようとする一方向モデルであったのに対して，循環モデルと呼ばれる。このモデルの特徴は循環するだけでなく，中心に自己効力感が据えられていることである。自己効力感とは，特定の職務などに対して，うまく遂行できるかという自己自身の能力に対する自己評価（自信など）を意味する（詳細は「第2章 パーソナリティ」を参照）。

　職務従事者は，ジョブ・クラフティングや権限委譲などで職務内容を変化させる。それと同時に自分で役割を調整することにより自己効力感を感じる。職務内容の変化により新しい知識が得られ，それはまた自己効力感と相互に刺激し合い，業績の向上へつながる。業績の向上は自己効力感に支えられる側面もあるが，業績向上によって自己効力感がさらに強化される。さらに，業績の向上は，自分の能力の認知につながり，上司や部下，周囲の関係者との信頼関係が強化される。そこから，さらなる役割調整へと進むことが期待される。

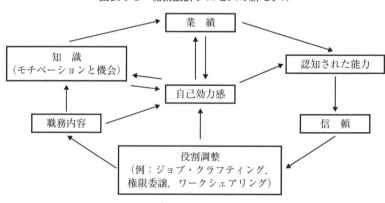

図表9-2　職務設計プロセスの新モデル

出所）Clegg & Spencer（2007）をもとに筆者作成

職務設計は欧米諸国では，広く実務に適用されている。職務は職務記述書(job description)により明確に規定される。極端な場合，そこに記述されていない職務は，上司の命令でも行わないというビジネススタイルである。
　一方，日本では多くの企業が長年日本的経営の名のもと職能資格制度(「第11章　人的資源管理」を参照)を採用してきた。そのため職務設計はこれまであまり取り入れられてこなかった。しかし，1990年代以降，成果主義を導入する企業が増え，職務等級制度や役割等級制度が採用されてきた。また，現在世界ではグローバル化が進展し，職場環境はますます多様化してきている。今後，人工知能(Artificial Intelligence：AI)やロボット，モノのインターネット(Internet of Things：IoT)の開発・普及が進むと，私たち人間の職務内容が大きく変わる可能性がある。それは，個人のキャリア形成にも大きく影響する。その意味では，単に上から職務をデザインされるのではなく，ジョブ・クラフティングのように個人が主体的に職務を創造することも必要となる。今後日本においても組織における職務デザインの重要性が増してくるといえる。

注
1) 「職務設計」という用語は使用していない。
2) 100人の労働者を確保するために，963人を雇用しなければならなかった。
3) Davisらの職務設計の概念は，広義では，職務内容の設計と職務方法の設計を併せたものを，狭義では，職務内容の設計のみを意味する。
4) 一般システム論は，コンピュータ等の人工物，生物等の有機体，社会的集団などをシステムとしてとらえ，多様なシステムに適用可能な一般理論である。
5) カルマル工場は後にボルボ社の経営不振により閉鎖された。

さらに学習すべき事柄
・在宅勤務や遠隔勤務が当たり前になってきた時代の職務設計のあり方について考えてみよう。
・近未来の社会においてAIやロボットと一緒に働く場合の職務設計のあり方について考えてみよう。

読んでもらいたい文献
シャイン，E. H. 著，金井壽宏訳(2003)『キャリア・サバイバル—職務と役割の戦

略的プラニング―』白桃書房

シャイン,E. H. 著,金井壽宏訳(2003)『キャリア・アンカー――自分のほんとうの価値を発見しよう―』白桃書房

引用・参考文献

Argyris, C. (1957) *Personality and Organization*. New York : Harper & Brothers. (伊吹山太郎・中村実訳『組織とパーソナリティ』日本能率協会,1961 年)

Berggren, C. (1992) *Alternatives to Lean Production : Work Organization in Swedish Auto Industry*. Ithaca, NY: ILR Press. (丸山惠也・黒川文子訳 [2007]『ボルボの経験 リーン生産方式のオルタナティヴ』中央経済社)

Clegg, C., & Spencer, C. (2007) "A Circular and Dynamic Model of the Process of Job Design," *Journal of Occupational and Organizational Psychology*, 80 : 321-339.

Davis, L.E., & Canter, R.R. (1955) "Job Design," *The Journal of Industrial Engineering*, 6(1) : 3-6, 20.

Davis, L.E., Canter, R.R., & Hoffman, J. (1955) "Current Job Design Criteria," *The Journal of Industrial Engineering*, 6 (2) : 5-8, 21-23.

Davis, L.E., & Canter, R.R. (1956) "Job Design Research," *The Journal of Industrial Engineering*, 7(16) : 275-282.

Davis, L.E. (1957) "Toward a theory of Job Design," *The Journal of Industrial Engineering*, 8 (5) : 305-309.

Trist, E. L., & Bamforth, K. W. (1951) "Some social and psychological consequences of the Longwall method," *Human relations*, 4(3) : 3-38.

Grant, A.M., & Parrker, S.K. (2009) "Redesigning work design theories : The rise of relational and proactive perspectives," *Academy of management Annals*, 3 : 317-375.

Hackman, J., & Oldham, G. (1975) "Development of the job diagnostic survey," *Journal of Applied Psychology*, 60(2) : 159-170.

Hackman, J., & Oldham, G. (1976) "Motivation through the design of work : Test of a theory," *Organizational Behavior and Human Performance*, 16(2) : 250-279.

庄村長 (2008)『現代職務設計の思想と現実』ふくろう出版

Smith, A. (1776(1789)) *An Inquiry into the Nature and Causes of the Wealth of Nations*. (水田洋監訳・杉山忠平訳 [2000]『国富論1,2』,[2001]『国富論3,4』岩波書店)

Taylor, F.W. (1911(2006)) *The principles of Scientific Management*. Cosimo

Classics, Inc.（有賀裕子訳『科学的管理法』ダイヤモンド社，2009 年）
Wrzesniewski, A., & Dutton, J.E.（2001）"Crafting a Job : Revising Employees as Active Crafters of Their Work," *Academy of Management Review*, (26)2 : 179-201.

第10章　組織の風土と開発

> 　人は何らかの組織に所属して，日々を過ごしているが，そこには日頃何となく感じている雰囲気があるだろう。雰囲気が良ければ，その組織に居続けたいと思うし，貢献したいという気持ちもたくさん沸いてくるはずである。しかし，よい雰囲気がいつまでも続くとは限らない。組織の規模が大きくなる過程で，さまざまなパーソナリティの人が加入するし，ルールや雰囲気に縛られていいたいことがいえなくなってしまうことだってあるだろう。したがって，組織は絶えずメインテナンスをしていかないと，衰退してしまうものである。
> 　この章では，組織に横たわる雰囲気，すなわち風土が組織に及ぼす影響や，組織に定期的に介入し，健全な状態する方法について説明する。

—キーワード：グループ・ダイナミクス (集団力学)，組織風土，組織開発，アプリシエイティブ・インクワイアリー，ワールドカフェ—

Ⅰ．組織の風土

　グループや組織に新しく参加すると，ノリがよく活気づいた雰囲気であったり，どこか厳格な重苦しい雰囲気を感じたりした経験は，誰にでもあるだろう。このように知らず知らずのうちにグループや組織がまとう雰囲気や様子のことを，組織風土 (organizational climate) と呼ぶ。組織風土と類似した概念に，組織文化 (organizational culture) がある。

1. 組織風土と組織文化

　Reichers & Schneider (1990) によれば，組織風土と組織文化は非常に重複した要素が多く，類似性の高い概念だが，次のような点から区別されてとらえるべきだと主張している。

　第1に，両概念の出自に違いがある。組織風土の研究は，主に応用心理学の領域で取り組まれたのに対し，組織文化は人類学の領域で生起した研究である。第2に，こうした研究領域の相違から，研究の方法論や視座も異なるという。

組織風土は，組織の有効性に影響を及ぼす1つの変数として位置づけられ，組織の目的自体や目的の達成手段の妥当性について示唆を与える概念である。したがって，アンケートのような定量的分析が主に使われてきた。これに対して，組織文化研究では，組織がもつ文化の要素や有効性に焦点を当て，組織文化そのものを研究の対象にする。それゆえ，参与観察やインタビューなどの定性的分析が用いられる傾向にあった。ただし，Reichers & Schneider（1990）も指摘しているように，組織文化の研究者は，「文化を組織に横たわる何物か（something an organization is）」として把握する立場と，「組織がもつ何物か（something an organization has）」として定義する立場とがある。前者はあるがままの文化を記述するために，上記のような定性的調査を行うが，後者の立場を採用する研究者は，定量的調査を通じて組織文化のもつ機能性を検証しようともする。組織文化の研究領域では，組織に横たわる文化の研究を解釈主義，組織がもつ文化の研究を機能主義と呼んだりする（詳細は本書シリーズ第1巻『マクロ組織論』の「第9章 組織文化」を参照）。

　こうした2つの立場の組織文化研究が登場することにより，「組織がもつ何物か」として組織文化を究明しようとするグループは，組織風土研究と同様に，組織の有効性や能率に影響を及ぼす何らかの変数として組織文化を位置づけ，定量的アプローチで実証的に組織文化の有する機能を明らかにしようとする。その意味で，組織文化と組織風土を区別する理由が次第に失われつつある。ただし，組織メンバーの言動を抑圧したり，組織内政治力の温床として作用したりする組織文化の逆機能に焦点を当てる組織文化研究者たちは，組織の効率化を志向する経営主義（managerialism）を批判する立場なので，組織風土研究とは一線を画する（詳細は「第7章 組織コミュニケーション」を参照）。その意味で，組織風土と組織文化の両研究は，統合され得ない側面が依然として残っている（Denison, 1996：639-640）。

　Reichers & Schneider（1990）は，研究の目的や前提の異なる両概念をあえて区別し，2つの研究が相互補完的であることの重要性を説いた上で，組織文化は組織風土よりも抽象度の高い概念で，組織風土は組織文化が表象された比較

的可視化可能な組織現象だと位置づけている (Reichers & Schneider, 1990：29)。

2. 組織風土と動機づけおよび業績

組織風土に関する先駆的研究のひとつとして，Litwin & Stringer (1968) の組織風土とモチベーションとの関係を実証的に明らかにした研究があげられる。彼らは，組織風土を① 構造 (structure：仕事や組織における規則や制約の度合い)，② 責任 (responsibility：個人に対する裁量権や責任付与の度合い)，③ 温かい雰囲気 (warmth：良好な人間関係に置かれているという感情)，④ 支持性 (support：周囲から支援されているという意識)，⑤ 報賞 (reward：成果をあげた際に得られる報酬の公正さ)，⑥ 対立 (conflict：問題や対立を表に出せる雰囲気)，⑦ 標準 (standards：達成すべき成果や業績に対する自覚)，⑧ アイデンティティ (identity：重要なメンバーであるという感情)，⑨ 危険負担 (リスクを冒してもチャレンジする気持ち) からなる次元で測定し，これらと何かを成し遂げたいと思う「達成動機」，親しみある良好な人間関係を作りたいと思う「親和動機」，そして周囲を自己の意図に従わせたいと思う「権力動機」の3つの動機づけ要因との関係性を明らかにしている。実験は，図表10-1にあるような結果となった。

図表10-1の空欄は，仮説を支持する度合いが中程度もしくは低いもので，3

図表10-1　組織風土の次元と3つ動機づけ要因との関係

組織風土の次元	達成動機	親和動機	権力動機
構造		減少	増大
責任			増大
温かい雰囲気		増大	
支持性		増大	
報賞	増大	増大	
対立			増大
標準			
アイデンティティ			
危険負担			

出所）Litwin & Stringer (1968：90-91, 訳89-91) の3つの図表を基に筆者が作成

つの動機づけ要因に強いもしくは非常に強い影響を与えた項目だけ「減少」もしくは「増大」と記載してある。同図表からは，「構造」すなわち業務や組織の運営において規則や制約が多いと感じる場合，親和動機を著しく低下させる一方で権力動機を増加させる効果が，また「報賞」は達成動機と親和動機を高める効果が，「温かい雰囲気」と「支持性」は親和動機を向上させる効果が，「責任」と「対立」は権力動機を高める効果がそれぞれあることがわかる。

さらに，彼らは別の実験で，リーダーシップ・スタイルとそれによって作り上げられる組織風土，モチベーション，そして業績との関係を検証している。その実験結果によると，権威主義的な組織風土を醸成するリーダーシップを発揮した組織では，権力動機が喚起され，メンバーの職務満足度は低く，生産性（利益や利益率等）および革新（新製品の数やコスト圧縮のための新材料の導入等）といった業績が低かった。反対に，民主主義的な組織風土を作るリーダーシップを発揮した組織では，達成動機が喚起され，メンバーの職務満足度は非常に高く，革新や生産性の業績が最も高かった。

3. 組織風土と報酬の評価

Litwin & Stringer (1968) は，組織風土が組織メンバーのどのような動機づけに影響を及ぼし，そのことが組織の業績にいかなる影響を及ぼしているかを実証的に明らかにしたものだった。こうした組織風土と動機づけの研究をさらに発展させた研究として，Tyagi (1985) は，図表10-2にあるように，組織風土の特徴が販売員による報酬の評価に与える影響を検証している。

組織風土の特性は，「配慮的リーダーシップ（販売員のアイデアや意見を上司がどの程度吸い上げ，また成果に結びつくような職務設計にどの程度配慮してくれているか）」「職務での挑戦や多様性（販売員のスキルや能力を駆使するチャンスや広範な行動を求めるような仕事をどの程度与えているか）」「職務の自律性（職務を全うする際の手順や問題解決の方法に関する自由裁量権がどの程度与えられているか）」「組織への一体化（組織が個人的目標の達成にどの程度支えになっているか）」そして「知覚された不公平感（自己の成果に対する報酬の割合が周囲のそれとどの程度不一致であるか）」の変数によって

図表 10-2　組織風土と報酬の評価との関係

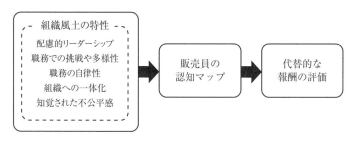

出所）Tyagi（1985：32）をもとに筆者が作成

決定されるものとして調査が行われた。

　分析の結果から，販売員が上司の配慮的リーダーシップを強く認識するほど，また職務の自律性を強く感じるほど，外発的報酬の重要性に関する知覚は高まる傾向にあることが判明した。また，職務の挑戦や多様性を強く認識するほど，外発的と内発的の両報酬の重要性を高く認識し，組織への一体感が高まるほど内発的報酬の重要性が増すこともわかった。さらに，不公平感を覚えるほど，外発的報酬の重要性を高く認識する傾向にあった。

　このように，組織風土は，組織のプロセスやアウトプットに影響を及ぼす変数として研究されており，その目的は組織風土を操作して組織成果を高める方策を探求することにある。ここで，組織風土を操作するとは，組織風土を計画的に変容させることに他ならない。定期的に空気の入れ換えを行わないと，やがて空気が澱み不衛生になるのと同様に，組織もまた絶えず新しい空気を入れ込まないと沈滞してしまうからである。そこで，次節では組織の新陳代謝を高める方法について触れていくことにしよう。

II．組織の開発

　組織風土を健全な状態に維持するためには，定期的に新たな風を組織に吹かせる必要がある。ダーウィンの進化論の有名な一節に，「最も強い生き物でも，

最も賢い生き物でもなく,変化に適応できる生き物こそが生き残る」とあるように,組織を絶えず変容させ,組織風土を刷新することが肝要になる。

組織を変容させていく集団の性質や集団と個人の関係に関する種々の研究は,Lewin (Lewin, K.) が創始したグループ・ダイナミクス (group dynamics: 集団力学) という研究領域が土台となって成長・発展してきたものが少なくない。そして,Lewin (1951) の3ステップモデル,すなわち「解凍 (unfreezing)」—「移行 (moving)」—「再凍結 (refreezing)」は,集団変容の過程を説明する原初的な研究として位置づけられている。何かしらの不平・不満に直面したメンバーが逸脱行動を起こし,既存の集団や組織に凝り固まった慣習や規範を「解凍」し,そうした動向に追随する人が増えることで新しい行動規範へと「移行」し,それを定着させるための新たなルールや制度を作って「再凍結」させる。

同モデルは,後続の研究者達の曲解や意味の敷衍などがあり,その妥当性は賛否両論あるが(たとえばCummings et al., 2016),集団や組織の変革に関する多くの研究に多大な影響を及ぼしてきたことは紛れもない事実である。とりわけ,組織や集団のメンバーの行動変容が手順を踏んで計画的に促進されるための方策を体系的に論じようとした組織開発 (Organizational Development: OD) の分野に強い影響を与えてきた。そこで,本節では組織開発論の流れを概観し,集団や組織を変革する方法について解説していこう。

1. 組織開発論の成長・発展の軌跡

組織開発の研究は,Lewinから強く影響を受けた研究者たちによって,主に1960年代頃から精力的に取り組まれるようになり現在に至っている。そして,80年代以降に大きなパラダイムシフトが起こり,70年代までを古典的 (classical) 組織開発,80年代以降を新しい (new) 組織開発と呼称して両者を区別する研究者がいる (Marshak & Grant, 2008 ; Oswick et al., 2005)。具体的なパラダイムシフトの中身は,図表10-3の通りである。

古典的な組織開発論では,集団や組織に何かしらの問題・課題が生じた際に,それらを取り除いていくことが変革であり,そうした問題・課題を発見し解決

するための組織横断的なプロジェクトチームあるいは外部コンサルタントが変革を主導すべきだと考える。したがって，その過程を通じて，メンバーの行動パターンが変容すれば，変革は成功したことになる。

これに対して，新しい組織開発論では，集団や組織に横たわる病理を治療するため計画的に処方箋を作り出すというよりは，集団や組織に潜在する強みや能力を発掘し，そうしたアドバンテージをさらに強化するために，メンバーが何に取り組まなければならないのかを共有することが主な目的となる。したがって，診断書を作成するために一部のメンバーのみが関与するのではなく，メンバー全員が所属する組織や集団の理想像を熟慮し，その実現のためのアクションプランを各自が作成しなければならない。それゆえ，メンバーの自律性や主体性を引き出す必要があり，集団や組織，あるいは仕事に対する関わり方そのもののマインドセットの変貌が，変革においてきわめて重要になる。

こうした古典的組織開発から新しい組織開発へのパラダイムシフトは，実はポジティブサイコロジー（positive psychology）の研究蓄積の影響が色濃く反映されている。従来の臨床心理では，精神疾患を抱えた患者に対して，疾患の原因となる問題・課題を発見し，それらを取り除くことが第一義的な治療目標だった。しかしながら，問題・課題を除去すると確かに一時的には治癒するが，再発性が高く効果が疑問視されるようになる。そこで，根本的な治癒の方法として，患者の長所や潜在力にフォーカスし，それらを伸ばす試みが臨床心理の領

図表10-3　新旧の組織開発論の相違

	古典的な組織開発	新しい組織開発
組織観／変革観	客観的／計画的	間主観的／創発的
変革の着眼点	問題や課題の発見・解決	理想や潜在力の発見・実行
変革の強調点	行動様式の変容	思考様式の変容
変革の関与者	一部のメンバー 例）プロジェクトチームやコンサルタント	メンバー全体 例）組織全体や下位組織のメンバー全員

出所）Marshak & Grant（2008：8）およびOswick et al.（2005：385）をもとに筆者が作成

域で注目されだしたのである。患者のネガティブではなくポジティブな部分への着目は，人が自分の短所を直すことは困難であっても，長所をみつけ，それを伸ばすことは比較的容易であることに通じる。組織も人も同じなのである。

ところで，このように新旧の組織開発に対するパラダイムの相違を聞くと，1980年代以降の新たな組織開発が優れているかのような印象を与えるかもしれない。しかし，この2つの組織開発に関する態度は，実際にはその集団や組織が置かれている状況によって使い分けることが不可欠である。重度の精神疾患にかかってしまっている人には，まずは自己の強みや能力を客観的に判断できるまでに病状を改善しなければならないのと同様に，倒産の危機に直面している企業の従業員に，当該企業の潜在力を全員で考えさせ，自律的な再生を促す余裕などあるはずがない。新しい組織開発は，むしろ集団や組織が致命的な疾患に陥らないための予防医学的な手法といえるだろう。

そこで，次に2つの組織開発の礎を作った研究を概観しながら，それぞれのと特徴や具体的な変革手法について触れていくことにしよう。

2. チェンジ・エージェントとフィードバック

組織開発による集団や組織の変容に関する初期の方法に，Lewinらの研究グループが1947年に創設したNTL協会（設立当初はNational Training Laboratories for Group Developmentという名称）が主導しているTグループ（training groups：T-groups）を用いたラボラトリー・トレーニングをあげることができる（French & Bell, 1999；Cummings & Worley, 2001）。

この手法では，ラボラトリーに集められた参加者がTグループという8-15人程度からなるワーキンググループに入り，数名のトレーナーによるファシリテーションを通じて他の参加者との相互作用をしながら，おのおのの集団や組織で抱えている問題を解決する方法を共有する。そして，参加者は問題のあった集団や組織に戻り，ここでのトレーニング経験を踏まえて実際に問題解決にあたることになる。この時，彼・彼女らは，チェンジ・エージェントとしてサポートを必要としている問題・課題を抱えた人たち（クライエント）に関与する

ことが期待される。したがって，チェンジ・エージェントには，変革を推進するプロジェクトや人事部のような内部のメンバーもあれば，コンサルタントのような外部のメンバーも含まれる。

一方，集団・組織のメンバーに対してアンケートやインタビューのような調査を実施し，収集されたデータを分析し，問題・課題を発見し，その解決策をメンバーにフィードバックし変容を促す方法もある。こうした診断・フィードバック型を採用する代表的な研究として，たとえば組織のマネジメント・スタイルを4タイプで診断したLikert（Likert, R.）や組織風土を測定したLitwin（Litwin, G.H.）らをあげることができる（French & Bell, 1999；Cummings & Worley, 2001）。

ただし，中村（2007）は，コンサルタントのようなフィードバックの主体には，アンケートのような定量的分析を通じて客観的なデータとしてクライエントに一方的にフィードバックするタイプと，インタビューのような定性的分析を通じて間主観的に創造されるデータを双方向的にフィードバックするタイプとが存在し，後者は上述したNTLのクライエント中心主義の価値が根底にあると指摘している。したがって，ラボラトリー型と診断・フィードバック型は必ずしも排他的な関係にあるわけではない。

古典的な組織開発では，上記の研究事例からも明らかなように，集団・組織の病巣（問題・課題）を診断（分析）し，それらを除去する外科的手術を施すスタンスを採用する。それゆえ，患者（行動変容を促進する対象）を診断し治療・処置を施す医師や看護師のような客体（チェンジ・エージェントやコンサルタント等）が想定されている点も，伝統的な組織開発論者は共有している。

3. ダイアローグ（対話）とホールシステムズ・アプローチ

1980年代以降の新しい組織開発のパラダイムの動向は，社会構成主義やポストモダン主義者による世界観，すなわち世の中の現実はそれを構成する人々の相互作用によって作り上げられ，それゆえ彼・彼女らのパワーやアイデンティティが現実を構成するプロセスにおいて重要な変数になるという前提に強く

影響を及ぼされている (Marshak & Grant, 2008)。社会的現実が客観的に存在することを仮定する古典的組織開発論とは対照的に，新しい組織開発論者は，人間関係はもちろん物理的空間でさえも，それを解釈する人々の間によって相互主観的に意味づけられ存在するものとして社会的現実を扱う。そのため，変革は新たな社会的現実を作り上げる人々のプロセスに介入することで，漸進的かつ創発的に遂行される価値観を共有している。

たとえば，Hatch (2013) は変革に対してポストモダン・アプローチを採用する場合，物理的空間を変更することがその空間に存在する人々の行動変容を促す可能性を示唆している。こうした変革の手法は，座席を固定化せずに職種や部門の境界を越えたコミュニケーションを促すことでプロダクトやプロセス・イノベーションを企図して導入されるフリーアドレス制度，あるいは高い地位にある人のドアや個室をガラス張りにする，もしくは取り除くことにより，コミュニケーションを取りやすくするなどの試みにもあるように，近年のオフィス改革という経営実践の場でも積極的に導入されている。

組織開発のこのような新しい動向にあって，学会にも実務界にも大きなインパクトを与えた組織開発のモデルのひとつに，Cooperrider (Cooperrider, D.L.) らが開発したアプリシエイティブ・インクワィアリー (Appreciative Inquiry：肯定的質問法) を取り上げることができる (Cooperrider & Srivastva, 1987；Cooperrider & Whitney, 2005)。

彼らは，当該組織の存在意義やあるべき姿，あるいはビジョンの創造からそれらを実現するための具体的な取り組みを，メンバー全員に関与させることで，自律的かつ主体的に行動変容が促進され，組織変革が実現されるモデルを提唱している。具体的には，図表10-4にあるようなDの頭文字から始まる4つの段階 (4Dサイクル) を部門や組織全体に循環させることで，組織変革が実現される。

最初の「発見 (discovery)」の段階は，過去において最善であったものと現在の最善であるものを理解するための対話の場がもたれる。この対話は，メンバーが総動員され肯定的に行われるため，ワールドカフェのような人間関係構

図表10-4　Appreciative Inquiry の 4D サイクル

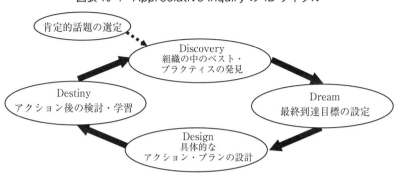

出所）Cooperrider & Whitney（2005：48）にもとづき筆者が加筆修正

築や知の共有のための手段が用いられる。ワールドカフェとは，Brown & Isaacs（2005）が開発した組織活性化のコミュニケーションツールであり，図表10-5のように，議論（discussion）と対話（dialogue）を明確に分けた上で，対話を基調とした組織の基盤作りを目的とする所にその特徴がある。

次の「夢（dream）」の段階では，「発見」段階で認識された現状をストレッチさせ，目指すべき理想の姿や達成すべき目的を設定する。そして「設計（design）」段階で，掲げた最終的な目的を実現するための具体的な戦略や計画を立案し，最終段階の「運命（destiny）」で設定した目標の達成度合いやメンバー

図表10-5　対話と議論の相違

	議論	対話
基本前提	正しい答えがあり それは自分の意見だ	答えは多様で 誰しもが良い答えを持っている
目的	相手を論破して 持論を通すこと	相手と知識を共有して 共通の基盤を持つこと
傾聴態度	相手の欠点を探し 反論の余地を模索する	相手を理解し 意見を引き出す
結論	1つの答えにたどり着く	多様な答えを導出する

出所）香取・大川（2009：184）をもとに筆者が加筆修正

の貢献度を評価し,メンバー全員で評価結果を共有すると同時に次の活動へフィードバックする。こうした一連のプロセスを通じて組織的な学習が促進され,メンバーの主体性や自律性が向上していくのである。

この他にも1980年代以降の新しい組織開発のパラダイムの中で行動変容を促すための理論やモデルは枚挙に暇がない。紙幅に制約があるため詳細な紹介は割愛するが,図表10-3でも指摘したように,それら諸々の研究と実践には,集団・組織に潜む病巣（問題・課題）を診断（分析）するというよりも,潜在的で中核的な能力を発掘し育成するという理念が通底している。したがって,完全に病気にはなっていないけれども,健康を損ない始めている未病の段階において効果をもつ変革の手法といえる。それゆえ,メンバー全員を変革に関与させるホールシステムズ・アプローチ（集団・組織のメンバー全体に働きかけること）が肝要となり,その手段として,メンバー間で互いの状況や知を共有するためのダイアローグ（対話）が重視される。

さらに学習すべき事柄
・組織風土と組織文化の違いやそれぞれを良くするための具体的な方法について考えてみよう。
・集団や組織を変革するためには,具体的にはどのような周囲への働きかけが必要なのかについて考えてみよう。

読んでもらいたい文献
中原淳・中村和彦（2018）『組織開発の探求：理論に学び,実践に活かす』ダイヤモンド社
香取一昭・大川恒（2009）『ワールド・カフェをやろう』日本経済新聞出版社

引用・参考文献
Brown, J., Isaacs, D., & WORLD CAFE COMMUNITY (2005) *The World Café : Shaping Our Futures Through Conversations That Matter.* CA : Berrett-Koehler Publishers.（香取一昭・川口大輔訳『ワールド・カフェ：カフェ的会話が未来を創る』ヒューマンバリュー,2007年）
Cooperrider, D., & S. Srivastva (1987) Appreciative inquiry in organizational life. In W. A. Pasmore & R. W. Woodman (eds.), *Research in organizational change*

and development, Greenwich, CT: JAI Press, 1 : 3-27.
Cooperrider, D. L., & Whitney, D. (2005) *Appreciative inquiry: A positive revolution in change,* San Francisco, CA: Berrett-Koehler Publishers.(市瀬博基訳(2006)『AI「最高の瞬間」を引き出す組織開発──未来志向の"問いかけ"が会社を救う──』PHP 研究所)
Cummings, T.G., & Worley, C.G. (2001) *Organization Development and Change.* (7th ed.). South-Western College Pub.
Cummings, S., Bridgeman, T., & Brown, K.G. (2016) "Unfreezing change as three steps: Rethinking Kurt Lewin's legacy for change management," *Human Relations,* 69(1) : 33-60.
Denison, D.R. (1996) "What is the Difference between Organizational Culture and Climate? A Native's Point of View on a Decade of Paradigm Wars," *Academy of Management Review,* 21(3) : 619-654.
French, W.L., & Bell, C. (1999) *Organization Development : Behavioral Science Interventions for organization improvement.* (6th ed.). Prentice-Hall.
Hath, M.J. (2013)*Organization Theory : Modern, Symbolic, and Postmodern Perspectives.* (3rd ed.). Oxford University Press.(大月博司・日野健太・山口義昭訳『Hatch 組織論』同文舘, 2017 年)
香取一昭・大川恒(2009)『ワールド・カフェをやろう』日本経済新聞出版社
Lewin, K. (1951) *Field Theory in Social Science : Selected Theoretical Papers* (ed. Cartwright, D.). New York: Harper and Row.(猪股佐登訳『社会科学における場の理論』誠信書房, 1956 年)
Litwin, G.H., & Stringer, R.A. Jr. (1968) *Motivation and Organizational Climate.* Division of Research, Harvard Graduate School of Business Administration.(占部都美監訳『経営風土』白桃書房, 1974 年)
Marshak, R. J., & Grant, D. (2008) "Organizational Discourse and New Organization Development Practices," *British Journal of Management,* 19(1) : 7-19.
中村和彦(2007)「組織開発(OD)とは何か?」『人間関係研究』南山大学人間関係研究センター, 6 : 1-29
Oswick, C., Grant, D., Michelson, G., & Wailes, N. (2005) "Looking forwards: discursive directions in organizational change," *Journal of Organizational Change Management,* 18(1) : 383-390.
Pettigrew, A.M., Woodman, R.W., & Cameron, K.S. (2001) "Studying Organizational Change and Development: Challenges for Future Research," *Academy of*

Management Journal, 44(4) : 697-713.
Reichers, A.E., & Schneider, B. (1990) Climate and Culture: An Evolution of Constructs. In Schneider, B. (ed.), *Organizational Climate and Culture, Revised Edition*. San Francisco : Jossey-Bass : 5-39.
Tyagi, P.K. (1985) "Organizational Climate, Inequities, and Attractiveness of Salesperson Rewards," *The Journal of Selling and Sales Management*, 5(2) : 31-37.

第11章　人的資源管理

　　本章では，最初に経営資源のひとつであるヒトの特徴とそれを管理対象とする人事労務管理が人的資源管理と呼ばれるようになってきた背景，その理念と役割を探る。次にキャリア開発，雇用管理，人事考課制度といった主たる人的資源管理の諸制度が日本企業においてどのように位置づけられ，運用されているのかをみていく。最後に，高齢者雇用，女性労働者就業，非正規雇用など人的資源管理の多様化の動向について簡単に触れる。

キーワード：人的資源管理(HRM),キャリア,ワーク・ライフ・バランス(WLB),目標による管理(MBO)

Ⅰ．人的資源管理の概念

1. 人事労務管理から人的資源管理へ

　『企業経営とは，ヒト（人的資源），モノ（原材料や生産設備），カネ（資本）という3つの経営資源から構成されている。さらにこれに情報を加えることもある』（佐藤，2015）。人的資源管理（Human Resource Management：HRM）は，これらの資源の中で特にヒトに関する企業の管理活動の総称である。人的資源管理の対象であるヒトを資源という面からみると，いくつかの特徴を指摘できる。1つ目は，ヒトは4つの資源の中で最も重要な資源であり，他の3つの資源（モノ・カネ・情報）はヒトによって動かされ活かされる資源である。ヒトなしでは，モノ・カネ・情報という資源のいずれも単独では企業活動に貢献することはできない。それゆえヒトは企業の経営活動を支える上で欠くことのできない根源的に重要な資源であるといえる。2つ目は，ヒトは喜怒哀楽の感情を有し，かつ高度な思考をする主体であって生身の人間であることである。モノを扱う生産管理，カネを扱う財務管理，情報を扱う情報管理という企業の諸管理活動ではかなりルール化された方法が採用されるが，管理するヒトも管理される対象のヒトも生身の人間であることからくる複雑さ，むずかしさがつきまとってくる。3つ目は，他の資源と異なりヒトを管理するためのどこでもいつでも適用できる決

定的な管理手法はまずあり得ないということである。経営管理に係る手法は次々に生まれているが，感情や主体性をもった人間（ヒト）を組織目標に向かって組織化するためには，ヒトの特性を考慮した仕組みづくりと不断の行動が欠かせない。

企業は，事業目的の達成のために「必要なヒトを雇い入れ，仕事を割り当て，その仕事を評価し，報酬を支払う」ことを実践している。企業で働くヒトに関して，さらに教育訓練を実施したり，作業環境を整えたり，また福利厚生などの従業員サービスや労使関係などを扱う総合的な管理活動は，長い間"人事労務管理"（Personnel Management：PM）といわれてきた。「人事管理」はホワイトカラーを対象とし，「労務管理」は工場で働くブルーカラーを対象とした企業の人事管理活動として区別する場合もあるが，多くの企業ではむしろ意識的にホワイトカラーとブルーカラーを明確に分けずに両者をあわせた「人事労務管理」として扱ってきた経緯がある（森, 1995）。

人事労務管理では，労働者を機械や原材料と同様に生産要素のひとつとしてみる見方（生産要素理念）が主流であった。これに対して，経営資源としてのヒトの重要性を強調する新たな見方（人的資源理念）が1980年代頃のアメリカから起こり，それがヨーロッパや日本に伝わってきた。この新たな労働者観によるヒトに関する管理活動が人的資源管理である。こうした流れに対応し，従来ヒトに関連する管理活動を担ってきた労務部，人事部，労政部などといった部署名は，人材（財）部，HR（ヒューマンリソース）部や人材開発部など，企業の考え方を反映しながら多様な名称に変化してきている。

2. 企業経営における人的資源管理の役割

企業経営において，従業員を生産要素理念でみる人事労務管理から従業員の価値を積極的に評価する人的資源理念でみる人的資源管理に変化するにつれて，その管理制度や管理施策が整備されてきた。すなわち従業員の経済的な価値やその長期的な能力開発の意義を認めるとともにその能力活用では従業員心理など人間的尊厳を重視した施策が展開されてきた。

人事労務管理の時代には，人事労務管理部門は製品やサービスの開発，製造，販売を行う利益創出部門（プロフィットセンター）が円滑に機能するための支援部門，すなわち直接的に利益を生まない費用部門（コストセンター）として位置づけられていた。

　ところが人的資源管理の管理理念が浸透するに従って，従業員は重要な経営資源であると認識され，次第に人的資源管理部門の役割が強調されるようになっていった。これに伴って人的資源管理部門は命令権限のない受動的なスタッフ部門というよりも，むしろ生産・技術・販売・財務等の利益創出部門と同等の能動的な戦略部門としての役割を期待されるようになってきた（上林他，2018；安，2014）。

3. 日本企業における人的資源管理の特徴

　日本企業と欧米企業では，仕事の進め方や組織原理は異なり，ヒトに関する管理の考え方も方法も異なっている。たとえば，社会学者のVogel（Vogel, E. F.）の『ジャパン・アズ・ナンバーワン』が執筆された1979年頃の典型的な日本企業では，長期雇用・正社員が中心の雇用，企業特殊的，企業内教育による従業員の育成，緩い分業と能力主義にもとづいた職能資格制度や能力給を採用していた（Vogel, 1979）。1960年代以降の米国企業の国際競争力低下という状況の中で，従業員を戦力化すべく，人事労務管理的な対応から従業員を企業にとっての重要な経営資源としてとらえ，彼らの能力を育成し活用する人的資源管理的な方向に大きく舵をとるようになった。そのような流れの中で，HR部門を配置する米国企業がひろがってきた。人的資源管理が強調する制度や慣行は，日本の人事労務慣行の中ですでに実践されているものも多く，1980年代の日本的経営ブームの影響を受けたものといわれるが，最新の行動科学や組織行動論などの知見をとりこみながら発展していった。一方の日本では，1990年代以降，バブル経済の崩壊とその後の長期間にわたる不況や規制緩和の中で，従来の人事労務慣行を抜本的に見直す観点から，HR部や人材部を設置する企業が増えてきている。

従来の人事労務管理と人的資源管理の両パラダイム間の相違は，次の5点に要約される（上林, 2018）という。すなわち，① 企業戦略と人事のリンクの強化, ② 能動的・主体的な活動, ③ 心理的契約の重視, ④ 職場学習の重視, 及び ⑤ 集団全体よりも個々人の動機づけを考慮，である。業績低迷を抜け出すために人事部を HR 部等に名称変更し，集団よりも個人を重視し，また業務のプロセスや将来への成果よりも結果重視，業績重視にたって経営戦略と密接に結びつける米国企業のやり方を採用する日本企業は多い。しかしながら従業員に関する管理は，種々の制度や施策が有機的に関連しているので，組織名称の変更にとどまらず，どのような考えで従業員を育成し活用していくかの観点から，キャリア開発，雇用管理や人事考課制度等について整合的に検討していく必要がある。

II．キャリア開発

1. キャリア開発とは

　キャリアにはさまざまな意味があり，人生とか生き方そのものを意味する場合から，また組織の中において積み上げていく職業人としての経歴のことをいう場合もある。

　Hall（1976）は，行動科学の見地からキャリアを4つに分類している。すなわち，昇進・昇格の累積としてのキャリア，プロフェッション（専門的職業）としてのキャリア，生涯を通じて経験した一連の仕事としてのキャリア，及び生涯を通じたさまざまな役割経験としてのキャリアである。ここではキャリアを「仕事生活を中心としながら，生涯を通じて経験し獲得する地位と役割と考える組織内キャリア」ととらえていく。ヘッドハンティングによる転職などによっていくつもの企業を渡り歩きながらキャリアを構築していく組織間キャリアについては，今後増えることが予想されるものの，ここでは組織内キャリアに限定して，議論をしていく。

　従業員の能力開発と活用を図る上で，個人のキャリアに対するニーズと組織

の人材育成ニーズを摺り合わせていくことが欠かせない。キャリアに対する関心が昨今，高まってきているが，その背景としてはこれまで日本企業が長期雇用を前提として行ってきた人的資源管理に関する諸施策の前提条件が崩れつつあることから，必然的に組織と個人の関係が変わりつつある。その結果，組織も個人も長期間にわたってお互いに依存する関係の程度が低下する中で，従業員それぞれがキャリア開発について自律的に対応せざるを得なくなってきている。

2. 組織と個人からみたキャリア開発

　企業は業績向上を図るために従業員がそれに貢献できるように，また企業が将来にわたって業績を上げ続けていくために，環境の変化に対応できる力をもった人を育てる必要がある。そのため，従業員の組織内キャリアについては職業生活を通じて獲得させていくというキャリア形成を効果的に行っていかなければならない。そして個人のキャリア・ニーズと組織の人材育成ニーズを摺り合わせながら，長期的かつ体系的な人材育成プログラムをたてて育成を行っていくことが求められている。図表11-1に示すSchein（1978）のキャリア・コーンと呼ばれる組織の3次元モデルによれば，キャリアの形成を3つの方向から考えることができる。ひとつ目の次元は「階層の次元」であり，企業の垂直方向の職階の異動を表す軸である。具体的には係長，課長，部長への昇進によって形成されるキャリアがこれにあたる。2つ目の次元は「職能の次元」であり，円周上に水平に配置された販売，製造，マーケティング等の職能，専門領域の間を異動することによって形成されるキャリアである。3つ目の次元は「中心化の次元」であり，組織の核（中心）に向かうことによって形成されるキャリアをいい，部内者化または中心性とも呼ばれる。具体的には，組織内でどれだけ重要な意思決定に関われるか，あるいは重要な情報にアクセス可能かなどのことであり，組織内キャリアを積み重ねるに従って，組織の周辺部から中心部に移動していくものと考えられている。

　従業員の人的資源を開発し活用していくという組織の立場からみたキャリア開発は，組織の目的を達成するために誰を選抜し重点的に育成するか，従業員

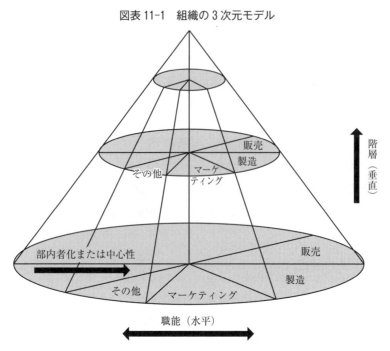

図表11-1 組織の3次元モデル

出所）Schein（1978 = 1991：41）をもとに筆者作成

の能力をいかにして開発していくか，そして従業員をどの部門に配置していくかということに帰着し，具体的には組織として従業員の昇進・昇格，能力開発，配置・異動をどのように設計，運用するかの問題となる。経営環境の変化に伴って人事労務管理から人的資源管理的な見方が大きな流れになる中で，企業が主導する一律管理によるキャリア開発から，個人の自主性をとりこみ従業員の能力開発の責任を従業員に求める方向に変化してきている。企業は，雇用保障を前提としつつ従業員に対しては個人主導の自律的キャリア開発を求め，それを支援する役割にシフトしつつある。こうした動きに伴い，昇進・昇格や配置・異動においても組織が一方的に決めるやり方から，従業員自身の希望や選択に配慮する方向に変化してきている。図表11-2にキャリア開発からみた個人と

図表 11-2　個人と組織の関係の変化

	企業主導型キャリア開発	個人主導型キャリア開発
雇用期間	長期雇用が前提	必ずしも長期雇用が前提ではない
個人と組織の関係	組織＞個人	組織≦個人
キャリア開発の主導権	企業主導 個人依存	個人主導 企業支援
雇用管理の形態	一律管理	個別管理

出所）櫻田（2010：100）

組織の関係の変化を示す（櫻田，2010）。

　次に，従業員が自分のキャリアをどのようにとらえ，どのように構築していくかという個人からみたキャリア開発について考えてみる。キャリアに影響を与える個人的要因として年齢，性別，仕事に対する期待や家庭環境などがあげられる。個人のキャリアを考える際，仕事内容の充実や仕事の将来展望ばかりではなく，仕事以外の家庭生活などとのバランスも重要な要素となってきている。そのため企業にも従業員にも，仕事と家庭の両立からワーク・ライフ・バランス（Work Life Balance：WLB）や労働生活の質（Quality of Working Life：QWL）の向上などが改めて問われ始めている。

　自分の理想のキャリアを求める方法として，Schein（1990）は自覚された才能，動機，価値観を意味するキャリア・アンカーという概念を提示している。そこでは，自分自身に①自分の能力，②仕事を通して何がしたいのか（動機と欲求），③自分が何に価値をおいているのかを問いかけることが重要であると指摘している。従業員が自分のキャリア開発を考える際には，上記の①〜③を自問しながら自分が何を求めているのか，そして自分の"こだわり"に気づき，自分の将来をイメージすることが欠かせない。組織に属している者にとってキャリア・アンカーは，組織の3次元モデルで説明すれば将来にわたりどのような階層，職能および部内者化へのパスをたどっていきたいのかという組織における基本的な生き方を考える際の貴重な概念である。

　企業を取り巻く環境の変化から，終身雇用の前提が崩れてきたことに伴い，

それまでの企業内特殊能力を積み重ねていくといった組織内キャリア開発にとどまらず、転職等による組織間キャリア開発にも考慮する必要がでてきた。これらの動きに合わせて企業外での労働市場が急速に発達し、労働者が企業間を移動する環境が整ってきた。このような労働市場の発達は、一方では企業主導型キャリア開発から個人主導型キャリア開発の比重を増しながら組織と個人の関係やキャリアに対する価値観などに影響を与え、企業の人的資源管理のあり方に大きな影響を与えるようになってきている。

3. 能力開発をめぐる動き

上述のようにグローバル化の進展等による競争激化を背景として、企業における能力開発の在り方も変化してきている。競争に打ち勝つための新たな価値や知識を創造しうる人材を育成するため、経験を重視した主体的・能動的学習、個人の自律性を重視した選択型研修、コア人材や次世代経営者を育成する選抜方式やエンプロイアビリティ（雇用されうる能力）の習得などが採用されてきている。このような能力開発の流れは、キャリアは自らが自律的に形成していくものという考えにもとづくものであり、これを企業に定着させていくためには異動において自己選択する余地を広げる制度が求められる。このような制度として、社内公募制度（人材を必要とする部署が担当する職務を明示し、その仕事に従事したい人が応募するもの）、社内FA制度（従業員が自分の能力やできる仕事を発信し、その従業員に関心のある部署が応募するもの）や自己申告制度などがある。いずれも従業員数が多い企業において導入率が高くなっているが、制度を有効に活用するためには、応募に関する守秘義務、異動における新旧職場での配慮や応募しない部署や従業員との公平性を確保することが課題である。

Ⅲ. 雇用管理

1. 採用，配置・異動，退職までの全体フロー

企業の人的資源管理の仕組みの中で中心的な位置を占めるのが雇用管理であ

る。雇用管理には，企業が企業活動を行うために必要な労働力を確保する採用活動，企業内に適切に人材を配置するための配置・異動，また労働力需要の変化に応じて労働供給の質量を変える雇用調整や退職管理が含まれる。いいかえれば，雇用管理とは企業に人材が入ってくる採用という入り口のフロー，配置・異動や昇進・昇格などの組織内のフロー，退職や出向・転籍による出口のフローという3つの人材フローに関わるものである。

　図表11-3に，雇用管理の位置づけを示す。雇用管理では，中長期の経営戦略にもとづいて，要員計画をたてることが第一となる。要員計画では，経営戦略を実現するために必要な人材像を明らかにし，必要数の人材の確保と配置を短期（1年）と中長期（数年から5年程度）に分けて立案する。各部署は，全社の経営戦略を部署の事業戦略にブレークダウンし，事業戦略を実現するための人材像や必要な人数を導き出す。人事部は各部署からの要員計画案を摺り合わせながら，企業全体の要員計画をたてていく。次に，現在の企業内にいる人材と要員計画で出された人材像，人数を比較し，そのギャップを埋めていく。ギャップを埋めるには，新規学卒者の採用や一定の職業経験を有する者を対象とするキャリア採用（中途採用），キャリア開発による社内からの必要な人材を確保するための配置・異動を行う。そして企業外や同一企業グループ内の他企業（系列企業）に活躍の場がある場合には，出向や転籍などの方法が用いられる。

図表11-3　雇用管理の位置づけ

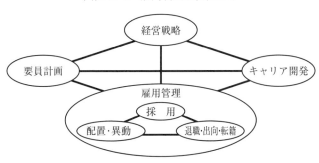

出所）筆者作成

これを従業員の立場からみれば、新規に採用された人はその企業の一員としての立場を与えられ、提供する労働サービスの対価として賃金を得ることができる。企業での経験を積み重ね、キャリア開発を通して企業で必要とされる部署に異動が行われる。あるいは事業の進展や縮小などに伴って、希望部署ではない職場に配置転換となる場合もある。配置転換や異動の仕方によっては、従業員の企業に対してもつコミットメントにも大きな影響を及ぼすこととなる（團，2010）。そのため企業が経営戦略を実現するためには、従業員の企業内の経験やキャリア開発状況などを把握し、事業の要請との摺り合わせを行うことが求められる。雇用管理は、企業と従業員との間を関係づけるという点から人的資源管理において重要な位置を占めており、これらの一連の雇用管理活動を通して人的資源管理の面から経営戦略の実現をサポートしている。

2. 採用管理

　雇用管理は職務と人のマッチングを図る作業と言い換えることができる。雇用管理のなかでも企業が必要とする職務とそれを担う能力を有する人とのマッチングを図る採用管理は、採用、配置・異動、退職に至る一連の人材フローの中でその入り口を占め、誰を採用するか、どこの部署に配置するかを決める極めて重要な業務となっている（厨子，2018）。

　採用管理では、経営理念から経営戦略が導かれ、その経営戦略を実現するために中長期の要員計画を単年度計画にブレークダウンし、対象者の絞り込みを行う。必要な人材像、対象者の条件と人数を決定し、対象者をどのような雇用形態で採用するのか、それに対応する採用基準や採用時期などを決定していく。採用管理は採用する企業側の業務であり、就職を希望する学生からみれば就職活動に対応する。つまり採用管理とは、企業側の採用活動と学生が将来めざすキャリアを実現するに相応しい企業に内定を得るべく繰りひろげる就職活動との摺り合わせを効果的に行うことである。そして両者のマッチングが成立すると企業から学生に内定が通知され、学生がそれを受け入れることによって両者の間で雇用関係が生まれる。職務にマッチしない人材を採用した場合のコスト

は高く，それは応募者にとっても望ましくないので，採用選考では企業業績に貢献が期待される人材を見極めることがきわめて重要となる。

3. 配置・異動の管理

　新たに採用されると，従業員が働く職場を決定する必要がある。新卒採用の場合には，最初に基本的な研修を行い複数の職場で実習しながら本人の意向や適性を考慮し，さらには将来どのような従業員として育てるのかというキャリアプランを考慮し，配属が決定されることが多い。具体的には必要とされる職場にただちに配置する方法や，一定の期間，複数の職場で研修や業務を経験させながら本人の行動特性を評価する方法もある。総合職としての採用か，一般職（たとえば地域限定）社員としての採用かによっても配置の方法は異なる。将来の幹部を目指す総合職採用では，入社の初期段階で複数の異なる職務，地域を経験させ，自社の業務に対する視野をひろげさせるケースが多い。一方，中途採用者の場合には，即戦力を必要とする職場に初任配属されるのが一般的である。

　新卒採用の場合，初任配属先がどのような職場か，また最初についた上司によってその後の新入社員の成長に差が出ることが報告されている（笠井，2010）。たとえば業績が上位で新規サービスの導入展開に熱心な職場に配属された場合や絶えず仕事を見直しながら熱心に業務改善に取り組んでいる上司や同僚がいる職場に配属された場合とそうでない職場に配属された場合には，その後の仕事に対する取組みや能力発揮などに影響が出てくると考えられている。したがって，初任配属先の決定は慎重に行う必要がある（玄田・堀田，2010）。

　人は仕事をしながら育つという側面がある。異動により，その本人が保有する能力と仕事が要求する能力との間とのバランスが取れている場合（適正配置）には，本人のモチベーションは高く，また業績への貢献が期待できる。しかしその業務へ従事する期間が長くなり，本人の保有する能力が要求される能力を大きく上回るようになると，それに見合った仕事へ異動させる必要も出てくる。異動の際に，本人の意思を尊重し，本人のやる気を引き出す公式的な制度とし

て，自己申告制度や社内公募制度などがある。

なお配置転換や昇進・昇格に伴う異動を企業の業績向上につなげるためには，従業員のキャリア開発との連携をきちんと行う必要がある。

4. 退職管理

雇用管理における出口のフローである退職管理は，これまで従事してきた職務と従業員の関係を切り離し，組織から去ってもらう役割を担っている。一定の年齢に達したことにより組織を離れる定年，雇用契約満了や自主退職，あるいは従業員の意図に反して経営側の主導による解雇など，従業員が組織を離れるあり方はさまざまである。従業員が組織を離れる場合には，労使間で軋轢が生まれやすく，また従業員個人も次の職場や生活に円滑に移行できるかどうか不安をもつ場合が多いので，企業と従業員双方にとって組織からの従業員の離脱を円滑に実施するためにも退職管理は重要な業務といえる。

三種の神器(終身雇用・年功序列・企業別組合)のひとつである終身雇用は，新卒採用の時点から定年まで安心して働けるというものであり，それゆえ企業に対する高いコミットメントをもたらし，戦後の高度成長期を支えたひとつの要因であったともいわれている。特定の企業の従業員のみをメンバーとする企業別労働組合によって，企業組織を維持したいとする企業と企業の発展を通して自らの生活を豊かにしたいとする従業員の利害が一致することで，終身雇用が定着していった。また年功序列や退職金制度も終身雇用を強めるように働いた。この終身雇用は，仕事を進める上で必要となるノウハウの共有や伝承による仕事の効率向上や，新卒者を採用し長期間にわたって教育訓練を施してもその教育投資を十分に回収できるというメリットがある。しかしながら，この長期間にわたる雇用保障に対する労使間の心理的契約は，近年グローバル化の進展に伴う競争激化などによって確約できなくなってきている(岩出・森，2013)。

Ⅳ．人事考課制度

1．人事評価とは

　企業で実施される人に対する評価を表す用語として，「人事評価」，「人事考課」，「人事アセスメント」が使用され，統一した見解はないが，主に処遇決定のために行われる評価を「人事考課」や「人事査定」，専門的なスキルを有する評価者が心理測定ツールにもとづいて実施する評価を「人事アセスメント」と呼び，両者を総称して「人事評価」と呼ぶ。

　人事評価は，企業の人的資源管理における諸活動の基礎情報として活用することを目的として，従業員の能力・適性・業績等を測定することをいう。その目的には従業員の処遇決定，人材の適正配置及び人材育成の3つがあり，これを行うための基礎情報を提供する。

2．人事考課制度の目的と仕組み

　人事考課とは従業員の働きぶりを評価し，その結果を給与，賞与や昇格等の処遇，配置や能力開発に反映するための人的資源管理の仕組みである。従業員にとって人事考課の結果は，自分の処遇や将来に直接的に大きな影響を与える。従って，企業にとって人事考課は，従業員にインセンティブを与えるとともに，働き方などに影響を与えることを通して，企業の目的を達成しようとする活動のひとつといえる。いいかえれば，どのような基準で社員を評価し処遇するのかという自社の理念や人的資源管理に関する考え方を明らかにして制度化したものが人事制度であり，そのための評価の原則や方法等を定めたものが人事考課制度である。

　多くの企業では人事考課を年1～2回程度，定期的に実施している。この人事考課制度の活用目的について，従業員個人，所属する部署の管理者（ライン管理者）及び人事部門の3つの視点から考えてみる。まず従業員個人にとっては，自分の行動に対して企業からみた評価がフィードバックされるので，自己理解が進むと同時に評価されるためには企業の中でどのように行動すればよいのか

を理解する機会となる。ライン管理者にとっては，従業員の職務割当，能力開発や動機づけする際の参考情報となる。また人事部門にとっては，部署間をこえた全社的な立場から従業員の処遇，能力開発や配置・異動などの人的資源管理の諸活動を行うための情報として活用できる。

　従業員を序列化する仕組みは等級制度または社員格付け制度と呼ばれる。等級制度には従業員の属性を基準にした資格制度と職務の価値を基準にして定めた職務等級とに分けられる。前者の資格制度は従業員の属性という労働供給側の要件に着目しているが，後者の職務等級は職務という労働需要側の要件に着目したものである。日本企業の人事制度は職能資格制度を基盤として行われてきたが，1990年代以降は職務等級制度や役割等級制度が普及してきた。人事考課では，その個人の働きぶりを評価する。

　多くの企業で採用されている職能資格制度における人事考課は，業績を生み出すのに必要とされる潜在能力としての能力評価，業績向上に結びつける意欲や態度としての情意評価及び職務活動の結果としての個人目標，部門目標や企業目標にどれだけ寄与したかの業績評価を組み合わせて行っている。職能資格制度は従業員の組織へのコミットメントと長期勤続の意欲を高め，そして幅広い実務能力を身につけさせるなどの効果が得られるとされ，仕事の結果よりもプロセスを重視する傾向をもつ。そのため職能資格制度による人事考課は，対人関係能力や他部門との調整が必要な製造現場などのオペレーションを担当する多能工やゼネラリストへのインセンティブが働くとされる。

　一方，職務等級制度や役割等級制度は，プロセスよりも業績の達成そのものを重視する成果主義化に対応した人事考課制度であり，従業員の考課を業績の達成においている。業績考課の具体的な例として，目標による管理 (Management By Objectives : MBO) がある (Drucker, 1954)。MBOでは，①期首に上司と本人が相談し半年または1年間で達成する仕事の目標を定め，②その目標を基準として期中の仕事の進捗を把握し，③期末には両者で目標の達成状況を評価する。その評価結果は人事考課情報として利用される。MBOは名前の通り，期首に立てた目標そのものの管理ではなく，従業員が積極的に種々の取組みをす

ることを通して目標を達成することを期待する仕組みである。MBOを採用することにより，全社目標，部署目標から従業員個人の目標にブレークダウンされ，それが従業員の目指すべき共通の方向として摺り合わせが行われる役割を果たすことになる。すなわち個人の働きが企業の目標と関連づけられることで従業員の満足感の向上が期待できる。また目標設定に従業員が参加することで従業員の自主性の発揮や，自己統制も期待できる（柳澤，2010）。

3. 昇進と昇格

　ある役割をもつ仕事に就かせるために従業員を格付けするものとして，昇進と昇格がある。昇進とは，係長から課長へ，課長から部長のように上位の職位に異動することをいう。役職ポストには定員があるため，一定の職務能力を保有する誰もが昇進できるとは限らない。昇進は，特定の役職（職位）に登用される（命ぜられる）ものであり，降職もありうる。一方昇格は，主事から参事へ，参事から参与へと上位の資格等級に上昇することである。昇格は，特定の資格に任用される（任ぜられる）ものであり，原則として降格はない。すべての従業員は何らかの資格等級に格付けされ上位資格者ほど高い基本給が得られるようになっている。また昇進により高い役職に就いた者には，給与は役職手当で反映される。このように資格と役職を分離することで，ある資格に対応する従業員に対する処遇は資格等級で行い，職制としての役職を担う能力をもつ従業員には役職に就かせることが可能となる。

4. 人事考課制度の運用

　人事考課制度を運用するにあたっては，人事考課の公平性を確保し部下の納得感を高めることが不可欠となる。そのためには，ライン管理者には情報公開，評価の正確性，評価の一貫性が求められる。ライン管理者は，評価面接において部下の考えや価値観，仕事の強みや弱みなどを理解把握することに努め，部下の目標設定や目標を達成するための日常における指導や支援に活かすことが求められる。

人事考課制度は，その拠り所とする制度によって，運用上の相違がみられる。たとえば人を中心に格付けする職能資格制度では，人事異動の柔軟性が確保しやすくなり協働が促進されるが，昇格者の選抜は年功重視となりやすい傾向をもつ。他方，仕事やその成果を中心に格付けする職務等級制度や役割等級制度では，人事異動によって処遇が変わるため配置が固定しやすく，仕事の進め方は職務に厳格で個人を中心とする実力重視の傾向をもつ。そのため，たとえば人事考課制度を職能資格制度から職務等級制度に変更する場合には，格付けの基準を人から仕事にシフトし，俗人的な要素を排除して個人の実力重視による昇進管理に移行するということを意味しているので，企業全体の人的資源管理のあり方も変えていく必要がある。

V．人的資源管理の多様化

人的資源管理の対象となる働く人たちの多様化とは，年齢，性別，正規あるいは非正規雇用といった雇用の形態，国籍の異なる人たちなどが労働市場に進出するようになり，企業や職場で一緒に働くようになってきたことを指す。以下，高齢者雇用，女性労働者就業及び非正規雇用の観点から人的資源管理の多様化についてみていく。

高齢者とは年齢が65歳以上の人を指すが，日本は世界的にみて高齢者の全人口に占める割合が高く，この高齢化が急速に進んでいる。65歳以上人口が7％を超えた国を高齢化社会，14％を超えた国を高齢社会，21％を超えた国を超高齢社会という。日本は1970年に高齢化社会に，1994年に高齢社会に，そして2007年には超高齢社会に移行しており，他の主要先進国に比較し高齢化が圧倒的に早く進んでいる。高齢化が進展するということは，企業等で仕事に従事する生産年齢人口（15〜64歳）の比率が減少することから，人口が一定とするならば，その国全体の生産性が低下することを意味する。個々の企業においては，年功序列パラダイムのもとでは年齢の上昇とともに賃金が上昇するので人件費の増大をもたらし，また管理職ポストの不足などにつながることから，長

期的にはモチベーションの低下をもたらしかねない。

　就業者数と完全失業者数とを合わせた労働力人口が15歳以上の人口に占める割合を労働力率というが，縦軸に労働力率を，横軸に年齢階級をとった女性の労働力率は，25～29歳を頂点にして35～39まで減少し，その後40歳代で頂点に達した後，再び減少に転じている（内閣府男女共同参画局，2018）。近年，晩婚化が進み年齢層が高年齢の方向にシフトしつつあり，また労働市場への女性の進出が進みつつあることからこのM字型の谷底の部分が高くなってきてはいる。しかし，出産，育児期前後における女性の継続就業の困難さは未だ解消されていないといえよう。

　組織で働く人の雇われ方は，契約社員やパートタイマーなどますます多様化しつつあり，日本の雇用者全体に占める非正規労働者の数は一貫して増加している。雇用期間に定めのない正社員に対して，就労する会社や事業所と直接有期の雇用関係を結ぶパート社員，アルバイト社員，契約社員，嘱託社員などを非正規社員と呼ぶ。また，直接雇用契約を結んでいない派遣社員や請負社員が正社員と同じ会社や事業所で就労している労働者は外部人材と呼ばれる（平野，2010）。非正規雇用に関わる問題は，この正社員と非正規社員の境界が雇用期間の有無，労働時間の長短，就労実態などから明確に区分できないほど雇用契約形態が多様化しながら，非正規労働者が増えているところから生じている。また勤労者の勤労スタイルも時短や在宅勤務など多様化が浸透しつつあり，働くことの位置づけや意味づけも変化してきている。

　このように働く人たちの多様化と多様な働き方の進展に対応しつつ，競争優位の源泉として，経営戦略を達成するのに必要な人材の採用，育成，活用するという観点から人的資源管理の必要性は近年ますます高まってきている。

さらに学習すべき事柄
- ジェンダー，人種，民族や年齢などの多様な中での人的資源管理のあり方について考えてみよう。
- 職業生活，家庭生活，社会生活や自分生活という4つの生活の並立・充実のためのワーク・ライフ・バランスのあり方について考えてみよう。

読んでもらいたい文献

谷口真美（2005）『ダイバシティ・マネジメント―多様性をいかす組織』白桃書房
渡辺峻（2009）『ワーク・ライフ・バランスの経営学―社会化した自己実現人と社会化した人材マネジメント』中央経済社

引用・参考文献

安熙卓（2014）『人的資源管理入門』文眞堂
Bratton, J., & Gold, J.（2003）*Human Resource Management : Theory and Practice.*（3rd ed.）. Palgrave Macmillan.（上林憲雄・原口恭彦・三崎秀央・森田雅也訳・監訳『人的資源管理―理論と実践（第3版）』文眞堂，2009年）
團泰雄（2010）「第5章 雇用管理」奥林康司・上林憲雄・平野光俊編著『入門人的資源管理（第2版）』中央経済社：74-91
Drucker, P. F.（1954）*The Practice of Management.* New York : Harper & Brothers Publishers.（野田一夫監修，現代経営研究会役『現代の経営（新装版）（上）』ダイヤモンド社，1991年）
Hall, D. T.（1976）*Careers in Organizations.* Foresman and Company.
岩出博，森五郎監修（2013）『LECTURE 人事労務管理増補版』泉文堂
平野光俊（2010）「第12章 非正規労働者」奥林康司・上林憲雄・平野光俊編著『入門 人的資源管理（第2版）』中央経済社：206-221
上林憲雄（2018）「第1章 人の管理とはどんなことか」上林憲雄・厨子直之・森田雅也『経験から学ぶ人的資源管理（新版）』有斐閣ブックス：3-25
笠井恵美（2010）「入社後3年間の上司及が新入社員のその後の成長を阻害するリスク」『Works Review』Vol.5 リクルートワークス研究所：60-73
玄田有史・堀田聰子（2010）「「最初の三年」は如何に大切なのか」佐藤博樹編著『働くことと学ぶこと』ミネルヴァ書房：33-57
森五郎（1995）「第1章 現代日本の人事労務管理とオープン・システム・アプローチ」森五郎編著『現代日本の人事労務管理―オープン・システム思考』有斐閣：6-15
内閣府男女共同参画局（2018）『男女共同参画白書 平成30年版』
櫻田涼子（2010）「第6章 キャリア開発」奥林康司・上林憲雄・平野光俊編著『入門人的資源管理（第2版）』中央経済社：92-110
佐藤博樹（2015）「第1章 企業経営と人事労務管理」佐藤博樹・藤村博之・八代充史『新しい人事労務管理（第5版）』有斐閣アルマ：1-31
Schein, E. H.（1978）*Career Dynamics : Matching Individual and Organizational Needs.* Addison-Wesley Publishing company.（二村敏子・三善勝代訳『キャリア・ダイナミクス―キャリアとは，生涯を通じての人間の生き方・表現である―』白

桃書房,1991 年)
Schein, E. H.（1990）*Career Anchors : Discovering Your Real Values*. CA : Jossey-Base/Pfeiffer.（金井壽宏訳『キャリア・アンカー――自分のほんとうの価値を発見しよう』白桃書房,2003 年）
Vogel, E. F.（1979）*Japan As Number One : Lessons for America*. President and Fellows of Harvard College.（広中和歌子・木本彰子訳『ジャパン・アズ・ナンバーワン――アメリカへの教訓』TBS ブリタニカ,1979 年）
柳澤さおり（2010）「第 8 章 目標管理とその効果的運用」古川久敬編著『人的資源マネジメント』白桃書房：181-218
厨子直之（2018）「第 4 章 組織は人をどのように雇い入れるのか」上林憲雄・厨子直之・森田雅也『経験から学ぶ人的資源管理（新版）』有斐閣ブックス：77-100

人名索引

A

Adams, J. S.　67
Alderfar, C. P.　61
Argyris, C.　171
Asch, S. E.　84
Avolio, B. J.　115

B

Bandura, A.　73
Bass, B. M.　115
Bauer, T. N.　38
Bhaskar, R.　132
Blake, R.　103
Blanchard, K. H.　107

C

Chaleff, I.　122
Clegg, C.　176
Conger J. A.　112
Cooperrider, D. L.　190

D

Davis, L. E.　165
Deetz, S. A.　131, 139
Denning, S.　115
Drucker, P. P.　208
Dutton, J. E.　175

F

Fairclough　145
Feldman, D. C.　84
Festinger, L.　85
Fiedler, F. E.　106
Foucault, M.　140

G

Graen, G. B.　119

H

Hackman, J.　169
Hall, D. T.　198
Hatch, M. J.　190
Hersey, P.　107
Herzberg, F.　64-65, 172
House, R. J.　108

J

Janis, I.　88

K

Kanungo, R. N.　112
川喜田二郎　90
Kelley, R.　120

L

Latham, G.　72
Lawler, E. E.　70
Lewin, K.　101, 186, 188
Likert, R.　189
Litwin, G. H.　183, 189
Locke, E. A.　72

M

March, G.　150
Marx, K. H.　142
Maslow, A H.　58
Mayo, G. E.　80
McGregor, D.　62
Meindl, J. R.　117
Mitchell, T. R.　108
Mouton, J.　103

Mumby, D. K.　　134, 141
Murray, H. A.　　57

O

Oldham, G.　　169
Osborn, A. F.　　90

P

Pfeffer, J.　　159

R

Raven, B. H.　　156
Reichers, A. E.　　181
Roethlisberger, F. J.　　80

S

Schein, E. H.　　38, 87, 199, 201
Sherif, M.　　87
Simon, H. A.　　150
Smith, A.　　163
Schneider, B.　　181
Spencer, C.　　176
Stogdill, R. M.　　97

Stringer, R. A.　　183
Summers, I.　　86

T

Taylor, F. W.　　163, 164
Triplett, N.　　81

U

Uhl-Bien, M.　　119

V

Van Maanen, J.　　38
Vogel, E. F.　　197
Vroom, V. H.　　69-70

W

Wanous, J. P.　　46
Weber, M.　　112, 155
Wrzesniewski, A.　　175

Z

Zimbardo, P.　　82

事項索引

あ 行

アイオワ研究　101
アイデンティティ・ワーク　141
アプリシエイティブ・インクワイアリー
　　181, 190
安全欲求　58
ERG 理論　57, 61
一般的自己効力感　26
イデオロギー　141
遺伝的要因　21
インダストリアル・エンジニアリング
　　（industrial Engineering：IE）　165-166
インフォーマルコミュニケーション　92
内田クレペリン精神検査　31
衛生要因　65
SL 理論　107
X 理論・Y 理論　57
LPC（Least Preferred Coworker）　105
エンプロイアビリティ　202
オハイオ研究　102

か 行

外向性　25
解釈主義　182
科学的管理法　163, 165
課業　163, 166
課業の一貫性　169, 170
課業の重要性　169, 170
過程的アプローチ　37
過程理論　55
カリスマ　97, 111
カリスマ的リーダーシップ　112
関係コンフリクト　151
関係欲求　61
官僚制　99
企業コロニー化　129, 139
企業の社会的責任（CSR）　135
企業別組合　206
期待　69
期待理論　67
機能主義　182
技能の多様性　169, 170
キャリア　195, 198
キャリア・アンカー　201
キャリア開発　198
キャリア・コーン　199
キャリア採用（中途採用）　203
キャリア探索行動　44
キャリア発達課題　38
キャリア発達理論　38
協調性　25
協調と競争の理論　153
規律型権力　140
グループ・ダイナミクス（集団力学）　181, 186
グループシフト　89
グループシンク　88
グループマネジメント　79
経営主義　182
計画的行動理論　71
経験への開放性　24
KJ 法　90
言語論的転回　134
現実的職務予告　45
言説的コモディティ化　129
5 因子モデル　21
公式集団　80
行動アプローチ　97
行動科学　56
衡平理論　67
個人間のコンフリクト　149, 150
個人内部のコンフリクト　150
コストセンター　197

216

コーポレート・コミュニケーション 135
コーポレート・リピュテーション 135
コミュニケーション 79
コミュニケーション構成組織 135
コミュニケーション・テクノロジー 130
コミュニケーション不足 137
雇用管理 198, 202
雇用調整 203
コンティンジェンシーアプローチ 97
コンフリクト・マネジメント 149

さ 行

サイコパシー 27
採用管理 204
採用施策 45
作業研究 164
サステナビリティー 135
三種の神器 206
時間研究 164
自己効力感 176
自己実現欲求 58
自己申告制度 202
自尊感情 26
社会―技術システム論 167-168
社会構成主義 131
社会的構成主義 116
社会的促進 81
社会的手抜き 81
社会的欲求 58, 61
社内FA制度 202
社内公募制度 202
終身雇用 206
集団 79
集団間対立 86
集団規範 84
集団凝集性 86
集団の意思決定 79
集団の特性 79
出向・転籍 203
状況好意性理論 105

情緒安定性 26
承認欲求 58
職業的アイデンティティ 45
職業適性 21
職能資格制度 208
職務 163, 166
職務拡大 163, 168, 171
職務記述書 177
職務再設計 168
職務充実 163, 168, 172
職務設計 163-167
職務探索努力 45
職務等級制度 208
職務特性モデル 169
職務満足 38
ジョブ・クラフティング 163, 174
ジョブ・ローテーション 168, 173
自律性 169, 170
自律的作業集団 168, 173, 174
神経症傾向 25
人事アセスメント 207
人事管理 196
人事考課制度 198, 207
人事評価 207
人的資源管理（HRM） 195
ステークホルダー 135
ストーリーテリング 97, 115
誠実性 25
生存欲求 61
成長欲求 61
生理的欲求 58
セクショナリズム 87
センスメイキング 131
ソーシャルネットワークサービス（SNS） 130
組織化 131
組織開発 181
組織間キャリア 198
組織間キャリア開発 202
組織コミットメント 38

組織社会化学習内容　37
組織社会化戦術　37
組織ディスコース　129
組織デモクラシー　129
組織内キャリア　198
組織内キャリア開発　202
組織内社会化　43
組織の 3 次元モデル　199
組織風土　181
組織文化　181

た　行

退職管理　206
大量生産方式　165
ダイアローグ（対話）　189
ダークトライアド　21
タスクコンフリクト　152
タスクフォース　80
チェンジ・エージェント　188
中核的自己評価　21
沈黙化　140
T グループ　188
ディスコース　132, 134
定性的分析　182
定量的分析　182
テクスト　134
転職意思　38
動機づけ要因　64
道具性　69
統制の所在　26
同調　84
同調圧力　84
同調的統制　141
特性アプローチ　97
特性論　24

な　行

内的報酬　170, 171, 174
内容的アプローチ　37
内容理論　55

「7・5・3」現象　38
成り行き管理　164
ナルシシズム　27
二要因理論　57
人間関係論　56, 164, 167
人間疎外　165
認知　55, 58
年功序列　206

は　行

配置・異動　203
配置・異動の管理　205
パスゴール理論　108
パラダイム　186
パワーの源泉　149
非公式集団　80
非正規雇用　211
非正規社員　211
フィードバック　169, 171, 188
VPI 職業興味検査　29
フォーマルコミュニケーション　92
フォロワー　97
フォロワーシップ　120
不確実性低減理論　47
物象化　142
フリーアドレス制度　190
ブレインストーミング　89
プロアクティブ行動　37
プロジェクトチーム　80
プロセスコンフリクト　153
プロフィットセンター　197
分業　163
ヘゲモニー　143
変革型リーダーシップ　111
方法設計　167
ポジティブサイコロジー　187
ホーソン研究　80
ホールシステムズ・アプローチ　192

ま 行

Myers・Briggs の性格タイプ・インデックス（MBTI） 23
マキャベリズム 27
マネジリアルグリッド 103
ミシガン研究 102
ミス・コミュニケーション 138
メンター 51
メンタリング制度 51
目標設定理論 67, 72
目標による管理（MBO） 195
モチベーション 163
問題化 129, 144

や 行

役割曖昧性 83
役割葛藤 83
役割コンフリクト（役割葛藤） 150
役割等級制度 208
誘意性 69
歪んだコミュニケーション 139
予期的社会化 43
欲求 55
欲求階層説 57
欲求リスト 57
4D サイクル 190

ら 行

ラボラトリー・トレーニング 188
リアリティショック 45
リーダーシップの社会的構成 97
リーダー・メンバー交換理論 119
臨界事象法 64
類型論 24
レトリック 135
労働生活の質（Quality of Working Life：QWL） 167, 168, 201
労働の人間化 167, 168
労務管理 196
六角形モデル 29

わ 行

Y-G 性格検査 31
ワーク・ファミリー・コンフリクト 151
ワーク・ライフ・バランス（WLB） 151, 195, 201
ワールドカフェ 181, 191

経営組織論シリーズ2　ミクロ組織論

2019年 4 月25日　第一版第一刷発行
2019年12月25日　第一版第二刷発行

　　　　　　　　　　監修者 —— 高　橋　正　泰
　　　　　　　　　　編著者 —— 竹　内　倫　和
　　　　　　　　　　　　　　　福　原　康　司
　　　　　　　　　　発行者 —— 田　中　千　津　子
　　　　　　　　　　発行所 —— ㈱ 学　文　社

　　　　　　　　〒153-0064　東京都目黒区下目黒3-6-1
　　　　　　　　　　　　電話　03 (3715) 1501
　　　　　　　　　　　　振替　00130-9-98842
　　　　　　　　　　　　印刷 —— 新灯印刷㈱

　　　　　　Ⓒ TAKAHASHI Masayasu 2019　Printed in Japan
　　　　　落丁，乱丁本は，本社にてお取替え致します。
　　　　　定価は売上カード，カバーに表示してあります。
　　　　　　　ISBN　978-4-7620-2903-5〈検印省略〉